有心插柳

马传景 著

中国言实出版社

图书在版编目(CIP)数据

有心插柳 / 马传景著. -- 北京 : 中国言实出版社, 2015.7（2019.1重印）
ISBN 978-7-5171-1429-1

Ⅰ.①有… Ⅱ.①马… Ⅲ.①社会科学－文集 Ⅳ.①C53

中国版本图书馆CIP数据核字(2015)第151442号

责任编辑：曹庆臻　张双武

出版发行　中国言实出版社
地　址：北京市朝阳区北苑路180号加利大厦5号楼105室
邮　编：100101
编辑部：北京市西城区百万庄大街甲16号五层
邮　编：100037
电　话：64924853（总编室）64924716（发行部）
网　址：www.zgyscbs.cn
E-mail：zgyscbs@263.net

经　销　新华书店
印　刷　三河市华晨印务有限公司
版　次　2015年10月第1版　2019年1月第2次印刷
规　格　850毫米×1168毫米　1/32　12.375印张
字　数　190千字
定　价　49.80元　ISBN 978-7-5171-1429-1

目录

第二辑　不说不快

第三辑　经济漫笔

第四辑 『海』边观察

第五辑　云起堂诗抄

梦想留痕（自序）

子曰：“弟子入则孝，出则悌，谨而信，泛爱众而亲仁。行有余力，则以学文。”我的主业是经济理论、经济政策研究和企业实务，本书收录的诗文都是我业余时间写下的，是副业劳动的产品。

中国有句俗语：“有心栽花花不开，无心插柳柳成荫。”收入《有心插柳》中的文章和诗作虽然都是业余创作，却不是“无心插柳”的随意之作，而是我“有心插柳”、呕心沥血的结果，承载了我年轻时的梦想。

我们这一代人，不少年轻时都做过作家梦、诗人梦。可惜的是，人可以选择自己的梦想，但最终还是要接受生活和命运的选择。命中注定不能实现儿时梦想，我考大学时选择了经济学专业，以后慢慢地进入了专业角色，最终勉强成了一个经济学家。经济学自身有其特殊魅力，人在社会上安身立命，专业上也需要点吃饭的真本事，几十年中我把主要精力投入到了经济理论研究和经济工作实务，作家、诗人梦只能搁置一边了。

作家梦、诗人梦，梦想成空，多少有点遗憾，但大体上还能保持内心平静。记得鲁迅先生说过，一个人如果没有特别的天赋，最好是做点实实在在的事情，不要去弄什么文学艺术。他的后人周海婴搞了一辈子物理，没有子承父业当作家。如果我一直追寻作家梦、诗人梦，成为一个二三流的作家、诗人也未可知。偌大个中国，这样的作家、诗人如恒河沙数，多一个不多，少一个不少，倒不如做点形而下、对社会有用的事情。

话是这样说，年轻时的梦想却像幽灵一样，如烟如雾，如影随形，始终挥之不去；像秋天落下的种子，即使把它压在石板下，到了春天，有了雨露滋润，还会发芽，并顽强地向上生长。当我遭遇感动和激动，不平和愤怒，总之情感最柔软处受到触动时，则欲歌欲舞，欲笑欲哭，欲癫欲狂，不吐不快，不能自已，就会写下一些散文、随笔或一种叫诗的文体。由于我不是职业作家，不以写作为生，没有必要无病呻吟，矫揉造作，作品中抒发的是真情感，流露的是真性情。

近来有点闲暇时间，对过去 30 余年的业余写作进行了盘点，发现居然是一个不小的数字，完全可以编一个一定规模的文集。在朋友的建议和帮助下，我对这些诗文进行了筛选、分类，编成了现在这本《有心插柳》。其中一部分文章和旧体诗公开发表过，多数是第一次与读者见面。回过头来看过去写的东西，有的未免幼稚和不成熟，但记录了当时的所思所想，留下了那个时期的心路历程。这次结集出版时，除做了个别文字修改和事实订正之外，基本上保留了原貌。

集子包括五部分内容。

第一辑《沙滩人语》，是我写的一组散文，以抒发个人情怀为主。从20世纪80年代初大学毕业分配到北京工作，我大部分时间要么在沙滩工作，要么在沙滩居住，对这个地方感情很深。沙滩地处北京心脏地区，毛泽东当过图书管理员的北京大学红楼就在这里，举世闻名的“五四”运动也发生在这里。从我家往西百十步就是故宫博物院和景山公园、京师大学堂遗址等文化遗存，往东不远处有陈毅元帅读过书的中法大学遗址和梁实秋故居所在的大取灯胡同。从北大红楼西行到文津街，是老舍先生所说的世界上唯一的一条路，需要穿山、穿城、过海、过河、跨桥，即一路经过景山、紫禁城、团城、筒子河、北海和北海大桥。在这里，我观察社会，思考人生，有感而发，留下了一批文章，收在本辑中，命名为《沙滩人语》。

第二辑《不说不快》包括两部分内容。一部分是我对社会上存在的弊病，目有所见，心有所思，有话要说，不吐不快，写下的一组评论文章。另一部分是平时读书思考、观察社会，心有所动，灵光一现，偶有所得，随手记下的一些思想碎片。这些想法完全都可以铺排演绎成一篇文章，由于没有时间，只能以断简残章的面貌呈现给大家。这些思想的种子，以后也许还会发芽成长。

第三辑《经济漫笔》，是我 20 世纪八九十年代给报纸杂志写的经济专栏文章。中国古代作家写的一些科学著作，如《梦溪笔谈》、《水经注》、《徐霞客游记》等，文采烂漫，如诗如画，既可以当作学术著作读，也可以当作文学作品读。南朝郦道元《水经注》中描写巫峡风光时，就有“巴东三峡巫峡长，猿啼三声泪沾裳”的句子，有一种广阔深远的悲凉之美。后来李白、杜甫等大诗人都在诗中再现了这种意境。经济生活和经济事件本身是生动活泼、波澜起伏的，是有“故事”、有情节的。描述和解释经济生活、经济现象的文章也应该是鲜活的，意趣盎然的。黑格尔说过，没有不清晰的文字，只有不清晰的思想。我自己始终认为，浅入深出，把简单的问题复杂化，那叫故弄玄虚，实际是无能。深入浅出，把复杂的问题简单化、趣味化，甚至有点文学性，那才是真本事。有了这种自觉意识，在一个时期内，我做了一点经济学通俗化、趣味化的尝试，撰写研究经济问题的文章，尽可能做到深入浅出，通俗易懂，使没有经济学专业背景的读者也能读、愿意读，并率先在我供职的中共中央机关刊物《求是》杂志上发表了《反弹琵琶说开放》、《商品经济与官倒》、《我看地方保护主义》等一系列文章，在读者中引起了热烈反响。同时我还应约为几家杂志和报纸写了一批普及经济学知识和臧否经济现象的评论文章，也很受读者欢迎。这次结集出版，我选了其中知识性、趣味性、通俗性特点突出的篇什，编成了这一辑《经济漫笔》。

第四辑《“海”边观察》，是我在国务院研究室工作期间写的思想性与文学性相结合、思考社会历史文化问题的随笔。在国务院研究室工作，主要是为国务院领导起草讲话稿、新闻稿，参加国务院文件起草，参与和组织重大经济问题调研等，一直疲于奔命，穷于应付，无暇感时伤事，惜春悲秋，对月伤心，闻铃断肠。2007

年年初，我突然有了不少闲暇时间以及写作欲望和激情，过去长期若隐若现的思想萌芽，迅速变成了一篇又一篇随笔，使丁亥年成为我业余创作大丰收的一年。我办公的地点在中南海紫光阁后面。在中海岸边散步，如同在历史中穿行，触目绿树红瓦，楼台宫阙，北面是“琼岛春荫”，东边是“太液秋风”，触景生情，思古念今，激发了我的写作灵感，于是我把这一辑文章命名为《“海”边观察》。

第五辑《云起堂诗抄》，是我几十年中留下的诗歌创作。我写诗只是偶尔为之，从不“为赋新诗强作愁”，辑中所收皆不平则鸣，直抒胸臆之作。经济学的专业训练使我变得比较理智或理性，情感就有点迟钝和粗粝，但也偶有诗意的癫狂、情感的冲动。一旦心有大感动，大感悟，大喜悲，则如巨浪滔天，电闪雷鸣，金铁交响，岩浆迸发。当是时，灵感泉涌，呼之欲出，往往一挥而就，用不着月下推敲、斗室苦吟、白发搔短。辑中多数为旧体诗词，尽量遵循格律和平仄规定。但当形式妨碍了思想的表达和情感的宣泄，形式只好给内容让路了。我会让诗意的野马任意驰骋，让激荡的情思一泻千里，不会接受格律和平仄的刻板束缚。有鉴于此，我写的这些旧体诗，只能是准旧体诗，读者也可以说它们是打油诗。至于“云起堂”，那是我附庸风雅，给我小小的书斋起的名号。

我读过一些学问大家写的随笔、散文及诗歌，内容厚重、思想深刻自不待言，从纯文学的角度看，文采风流一点也不输给专业作家。我对他们的文章是“虽不能至，心向往之”，力求自己的诗文能够承接先贤的流风遗韵。然而，前辈大师是一座座高山，吾辈难以企及，自己的努力结果很可能是东施效颦、邯郸学步。这就要由读者来评判了。是为自序。

（2015 年 2 月）

第一辑 沙滩人语

世界上没有两片完全相同的树叶。我 1977 年的高考经历与大家既相同，也不同。

1975 年 5 月，我从山东省曹县第十中学高中毕业。在毕业典礼上，我代表全体毕业生做了慷慨激昂的发言，表示要“扎根农村闹革命，广阔天地炼红心”。但是，当背起行李卷，回望学校的大门，想到这辈子也许永远和学校再见了，当农民将是我一生的宿命，深刻的悲伤与凄凉弥漫心头，禁不住泪流满面。

回乡以后，尽管希望很渺茫，我要上大学的心始终没有死。那时虽然年轻幼稚，我也能看出“广阔天地，大有作为”，不是实在话。在农村有没有作为，还有谁比我们这些生于斯、长于斯的农家子弟更清楚呢？读书让我看到了天地的广阔，从小学到高中又一直是全校有名的优秀学生，我不甘心、也不相信一生的出息就是做一个农民。现实告诉我，下乡知青可以通过招工、病退再回到城里去，庄稼人的子弟要改变命运，只有上大学一条路可走。毛主席不满意解放后17年的教育制度，提出“学制要缩短，教育要革命，资产阶级知识分子统治学校的状况再也不能继续下去了”。于是，大学招生不再通过考试，而是采取推荐的方式。要想被推荐上大学，首先要在农村锻炼两年，再看在劳动中的表现。用电影《决裂》中主人公的话说，手上的老茧就是上大学的“资格”。家兄在上大学问题上遭受的挫折使我懂得，要想上大学，必须付出一定代价，先安心在农村坚持下去。1975年大学招生时，我哥哥已经过了推荐这一关。但是他高中时的班主任一封告状信送到县里，说他在农村接受再教育不够两年，结果被取消了上学的资格。哥哥从满怀希望到极度失望，强烈地刺激了我。回乡近3年中，再苦再累，我从来也没有动过中途离开农村的念头。

家乡父老有一句挂在嘴上的话，叫做人有闲死的，没有累死的。我父母也教育我要老老实实做人，不要投机取巧。既然人在农村，就要比农民更农民，汗要比农民流得更多，脸要比农民晒得更黑，手上的老茧要比农民更厚。由于在劳动中的表现好，高中毕业生在农村已经算是知识分子，再加上我父亲在当地有一定影响，

1976年8月份我开始担任大队团支部书记、公社团委常委，9月份入了党，10月份又担任了大队党支部副书记、革命委员会主任，成为村里的二把手。我们村里有个孩子叫双印。老少爷们开玩笑说，你怀揣四块大印，比双印还多一半呀。老实讲，按照我当时的“政治条件”，即使不恢复高考，清华、北大不敢奢望，进入菏泽师专当个工农兵学员还是有可能的。

1976年10月，“四人帮”轰然倒台，不久邓小平重新出来工作，中央宣布“文化大革命”结束，开始清算极“左”路线流毒，党和国家的工作重心由阶级斗争转向经济建设。我自认我这个人不是绝顶聪明，但还比较理智。当时我问自己，随着形势的变化，以后谁能上大学还会像现在这样，大家比脸黑茧厚吗，会不会恢复高考制度？不管大学招生办法变不变，我坚信机会永远属于有准备的人。我向父亲谈了我的想法，得到了他的支持。1976年年底，我把尘封的课本翻出来，开始复习功课。1977年夏天我在县城做了一个小手术，住在父亲的办公室复习了一个月。到1977年11月份国家宣布恢复高考制度时，我已经把数理化课本复习了两遍。这样说，似乎我有先见之明。其实是我要读书的愿望太强烈，为此我愿意付出一切努力，哪怕是无用功也要做。这种心情，只有乡村孩子才会理解。

正式得到恢复高考的消息，离考试只有一个月时间了。虽然我对考试已经有所准备，但丝毫也不敢松懈。那时我白天或者在大队、公社开会，或者要参加劳动，晚上10点以后才能复习功课。1977年的夏天多雨，冬天就格外的冷。窗外北风呼号，屋里呵气成霜，每天晚上我都要熬干一灯油才睡觉。第二天早晨起来，擤出的鼻涕都是黑色的。

回想当年报志愿的情况，真是荒唐。10年来第一次恢复高考，没有比较，没有参照，既不知道别人的水平，也不了解自己的水平。抱着撞大运的心理，我准备冲一下几个名牌大学。北京大学法律系当年在山东招收两人。由于我父亲在县里干公安工作，回家时腰里挎着一把手枪，走在村里威风八面，我对政法这一行从小就崇拜。北京广播学院采编系，在山东招收两人。辽宁财经学院，在山东招收10人。再就是山东大学中文系。和父亲商量时，他认为北京那些名校根本不要考虑。东北离山东太远了，天寒地冻，还要花一大笔钱买皮大衣、皮帽子。山东大学在本省，也是全国名牌大学，建议报考山东大学，但不要报中文系。学中文将来要舞文弄墨，容易犯错误。

当然，当年的招生情况并不像父亲说的那样，实实在在是按成绩录取的，今天的作家也不会因为写一篇小说而获罪。但是，父亲是从当时的情况考虑的，人的认识毕竟不可能超越时代和历史环境。当年山东大学哲学系也在山东招生 50 名。但我没有考虑。回乡后，我曾仔细研读了毛主席的 5 篇哲学著作、艾思奇的《辩证唯物主义和历史唯物主义》以及其他一些小册子，有时还和父亲交流学习的体会，竟然天真地以为已经懂哲学了，不用再学习了。我在农村时还读过上海人民出版社出版的《政治经济学》，是青年自学丛书中的一种。20 世纪 70 年代中期，“四人帮”发动了对“资产阶级法权”的批判，张春桥、姚文元等人发表的文章我都读了，知道了商品、货币、等价交换、资本和剩余价值等经济学概念。这使我认为对政治经济学是有一定了解的。当年山东大学成立了政治经济学系(后改为经济学系，现在已经发展成山东大学经济学院和管理学院)，在山东招生 50 人。于是，我第一志愿报考了山东大学政治经济学专业。填写第二、第三志愿就比较务实了，我报考了聊城师范学院和菏泽师专。当时的真实想法是，只要能离开农村，成为公家的人——窝头变成馒头、布鞋变成皮鞋就满足了，上什么学校是次要的。

时至今日，我仍然感谢父亲帮助我作出了正确的决定。山东大学校风严谨朴实，强调学生要打好基础，使我受到了良好的教育。选择经济学而不是历史、中文专业，也使我能够为国家做一点更实在的事情。

考试结束后，就是焦灼的等待。因为考试的情况既使我抱有希望，又使我感到没有多少把握。语文、政治和史地没有不会做的题，整个考试时间我都在紧张地书写，而坐在我旁边的那个人一直无所事事，我写字时的“笃、笃”声，使他更加烦躁不安，鼻尖不断地出汗。走出考场，听到居然有人把“鱼肉人民”解释成给人民鱼肉吃，把蒋介石说成是湖南省革命委员会主任，我对自己还是有几分自信的。但是，由于我的功课文理不均衡，考数学时又赶上发烧，一道关于如何才能在一块土地上建造尽可能多的猪圈的大题目没有做出来，情绪十分低落。一个多月后参加了体检，给我带来了一线期待。1978 年春节前，我的同学张增奇收到了长春地质学院推迟入学的通知书，而我到底是否被录取了，迟迟没有音信，一时变得寝食不安。接到通知书前的那段日子里，心情类似于“近乡情更怯，不敢问来人”：既盼望被录取的喜讯，又害怕等到的是名落孙山的坏消息。春节后，我的初中老师到公社打听他的录取通知书到了没有，结果老师当年没有考上，却带回了山东大学给我的录取通知书，我很能理解他当时的心情。

当晚，我和张增奇买了一斤地瓜干酿造的烧酒，也没有下酒菜，对着瓶子你一口，我一口，一口气喝了个底朝天。我们两个酒量都很浅，那天居然都没有醉。从那以后，我再也没有喝过这样多的酒，超过二两就会醉倒。

1977 年的高考对我们这一代人以及在国家历史上的意义，别人写文章谈得很多了。我想说两点想法。第一，一个社会一定要让普通老百姓有点念想。有了希望和可以为之奋斗的目标，人生的苦难就会减轻。所谓“哀莫大于心死，身死次之”，生活中最可怕的是绝望。1977 年恢复高考，尽管能上大学的仍然只是少数人，尽管这是一条独木桥，但毕竟给社会底层的青年人提供了一个机会，使他们前方有一抹亮光可以追寻，远比一片漆黑、无路可走好。现在的情况就很让人担忧。优质教育资源高度集中在城镇，农民子弟不能挤到城里上学，就考不上大学。即使考上了也不一定上得起，举全家之力或借债上了大学，毕业后也不一定有工作。现在农民子弟辍学的越来越多了，读了书也没有用呀。以后农民子弟除了出去打工，希望在哪里？当政者该想一想了。第二，权力掌握在什么人手中太重要了。后来从报纸上的文章中了解到，粉碎“四人帮”不久，邓小平就决定要恢复高考。当时的国务院文教领导小组负责人刘西尧等汇报说，要到1978年夏天才能作好恢复高考的各项准备工作。邓公说，不行！年轻人已经被耽误了10年，不能再等了，1977年高校招生就要恢复考试制度。当时纸张紧张，据说那年的考卷是临时调用印刷《毛泽东选集》第五卷的纸张印制的。邓小平一生跌宕起伏，前七十几年做了多少事对我来说是间接知识，最后一次复出，做了多少决定国家和几代人命运的功德事，我们这一代人都是亲身经历过的。求真务实，心系苍生，多谋善断，举重若轻，静如深潭，动如雷霆，这才是大政治家风范。权力掌握在伟大的政治家手中，是人民和国家之福；掌握在无耻政客手中，国家和民族就要遭殃。在中国尤其如此。由此观之，好人中的精英还是应该出来做官、做大官。

（2007年11月）

当年我做『九品官』

我还不满 19 岁时，就在老家的村子里当上了“九品官”。

1975 年夏天，我高中毕业了。那年月取消了高考，田野里来，泥土里去，回乡当农民是我的宿命，没有知青文学里那么多的不平和委屈。一年下来，老茧磨得厚厚的，脸皮晒得黑黑的，学会了像老农民一样卷“大炮”，抽旱烟，说带有荤腥味的笑话——生活已经把我打磨成一个地地道道的农民。

1976 年 7 月的一天，支书来到我家，问我愿不愿意入党。怎么不愿意？那时的年轻人谁不想进步，说不定入了党，当了干部，就有可能被推荐上大学。接下来一段时间，写入党申请书、填表，一个月后我成了大队团支部书记、公社团委常委。又过了两个月，我清楚地记得是 9 月 9 日，毛泽东主席逝世那一天，成了中共正式党员（那时候取消了入党预备期）并任大队党支部副书记、革命委员会主任，相当于现在的村长或村委会主任。

说给现在的年轻人听，他们肯定觉得可笑。那几天，我在日记本上写下了不少“扎根农村闹革命，广阔天地炼红心”一类的豪言壮语，很有一点“当今之世，欲平治天下，舍我其谁”的豪迈气概。但是，很快我发现这个官不好当。

我敢说村官是中国最难当的官，因为要直接与农民打交道。在机关事业单位，有组织纪律、规章制度管着，还有职务、职称等帽子管着；在工厂，工人有工资、奖金管着。在这些地方当官，我看都不难。农民处于社会最底层，既不拿工资，也不享受国家提供的福利，没有什么可以失去了，你还能不让他当农民吗？除非开除他的球籍。不要相信对农民理想化、牧歌式的描述。农民固然淳朴老实，但也不乏精明狡黠；农民善良厚道，但有时也很势利和欺软怕硬；农民没有文化、外表木讷，但也拥有来自泥土的生存智慧。与那些已经成了精的老农民相比，20岁左右还是个大孩子，要给他们当领导，对我来说，是拔苗助长，是一个历史性的错误，不仅过早地结束了我的青少年时代，也使我患了“官场厌倦症”。

每年秋收秋种结束，不知道是真不愿意干，还是要拿一把，几个生产队的队长都要撂挑子不干。大队的主要领导干部就要挨个做工作，动员他们继续干。话就是那几句话，说完了大家就相对无言，只能不停地抽旱烟，人都隐藏在烟雾里，变得面目模糊，一耗就是夜里两三点钟，眼皮沉重得像拴了磨盘，等的就是一句话："那我再干一年试试，明年你们可得换人。"拖着双腿迷迷瞪瞪地走在村子里，月光清冷，白霜满地，万籁俱寂，不闻鸡鸣犬吠，村庄完全睡熟了。这时，我对那些困了就可以上床睡觉的普通社员，真是发自内心的羡慕。

70 年代"农业学大寨"热火朝天，每年秋收冬藏忙过，县里、公社里就要组织修水利。革委会主任分工抓生产，有到外地修水利的任务，自然是我带队。在家里，大家都是本家，一切都好商量，外出修水利就不同了。100 多号精壮的汉子，带出去就是 100 多头老虎。有一点不周到、不细致，"老虎"就要伤人。挖河修堤，累死人的活，一顿饭吃不好，有的愣头青把饭碗一摔，跳着脚骂祖宗。骂就骂吧，反正大家都姓马，一个祖宗。挖河修堤实行包干，分配任务时，地面上差一铁锹，几十米挖下去，劳动量差别就大了去了。稍有差错，山东人好勇斗狠，要起绿林脾气来，抄起铁锹敢往你头上招呼。

一次水利修下来，人瘦了一圈，一下子好像老了几岁。

“挖绝户坟，踢寡妇门”在农村是最缺德、最得罪人的事情。计划生育是农村干部每年要完成的硬任务。这件事，国家宣传起来意义比天大，在农民看来却是缺德事。高中刚毕业，连对象都没有处过，却要去做育龄妇女的工作，要她们上环、流产、做绝育手术，老娘们脸皮厚得像城墙，嘻嘻哈哈没有一点正经：“计划生育俺们拥护，只要你支书带头”，“计划生育有啥好，要是早20年搞计划生育，还能有你吗？”面对这些胡搅蛮缠，每次都搞得我面红耳赤。我跟支书说，这些事，还是让妇女主任去干吧。

工作累和难且不说，当村官时间长了，我发现在政治上极“左”盛行、经济上实行计划命令的年代，农村基层干部辛辛苦苦做了许多无用功，甚至干得越多、管得越多，造的孽越大。比如，那时候上边要求生产队集体干活时，田间地头必须插上红旗和毛主席语录牌。农民知道这样做既花钱又费工夫，不会多打一粒粮食，死活不愿跟着上面搞形式主义。但是，公社三天两头进行检查，主要就是看这些表面文章做没做。大队干部整天为这事磨破嘴皮说服动员，真是不胜其烦。

有一年，菏泽地区新来了一个地委书记。他在徐海地区“支左”时（“文化大革命”中，一段时间内地方工作由解放军“支左”代表主持），在当地推行旱地改水田，大面积推广种水稻，结果那个地区的粮食产量一下子上去了，群众生活也得到不小的改善。他到任后第一件事，就是在菏泽地区推广徐海地区的经验。菏泽是个缺水的地方，历史上农民没有种水稻的习惯和经验，农村干部想不通，农民群众更是抵触。但是，上面的命令必须执行，大小会动员加上强迫命令，当年种了不少水稻。到了秋天，老百姓没有吃到大米，倒是从地里弄回不少稻草，生产队牲畜过冬的饲草问题算是解决了。老百姓见不到当大官的，看到我们这些大队干部，嘴里就不干不净，什么话难听就说什么。

有人说，在中国能当村长，就能当县长，甚至还能当更大的领导。也许吧。由于有了当村官的这段经历，我知道自己不是当官的材料，1982 年初大学毕业、1986 年研究生毕业时，虽然都有机会到中央和国家机关工作，我却选择了到高校当教师和去杂志社当编辑。由于在北京工作，消息比较灵通。近两年，不断传来这个同学当了科长，那个同学当了局长的消息。按“威虎山”上的话说，同学们都“弄了个师长、旅长干干”，我还是一介书生、布衣卿相。听到这些消息，我的反应是云淡风轻，不为所动，没有羡慕嫉妒，也没有自轻自贱。皆因为“曾经沧海难为水，除却巫山不是云”，当了两年“九品官”，我这辈子的官瘾已经过足了。

鞋子是不是舒服，只有脚知道。哪一种职业更适合自己，只有本人知道。有道是，“海阔凭鱼跃，天高任鸟飞”，大路朝天，大家各走一边就是了。

（1992 年 6 月）

从我大学毕业“参加革命工作”以来(尽管我上大学前就入了党，担任过大队党支部副书记、革命委员会主任，填干部履历表时却不算参加革命工作),除了有两年多时间在高校当教师，其他时间的工作与生活都与红楼、红墙有关。

1986年夏天研究生毕业后，我有几个工作单位可以选择：中共中央宣传部、全国政协、《红旗》杂志社。由于我曾经当了两年“九品官”，那段经历很不快活，又想当然地以为在中央机关工作和在村子里当干部一个样，就选择了去《红旗》杂志社求职。当时的经济编辑室主任李光远同志接待了我。他问了我的年龄、经历，要我对当时的一些经济理论问题谈谈看法，谈话时间不超过两个小时。老李说，你和我儿子同岁，学术基础挺扎实，你们这些恢复高考后的第一批大学生都是不错的年轻人，你准备下个星期来报到吧。事情就这样简单，几天后我到位于北大红楼后面的沙滩大院报到，成了《红旗》杂志社经济编辑室的编辑。

《红旗》杂志是中共中央的机关刊物，是1958年成都会议上中央决定创办的，毛泽东亲自题写刊名，邓小平、彭真、王稼祥、张闻天，以及各省省委书记任第一届编委，邓小平是主任。

我到《红旗》工作后，看到了当年毛泽东写给陈伯达的信，知道他为《红旗》题写了十多种字体的刊名，最后圈定了后来采用的方案，并说这个刊名的字体借鉴了陕北的彩绸舞。担任过《红旗》总编辑、副总编辑的，有的功德圆满，有的身败名裂，但都是党内最有名的理论家，如陈伯达、姚文元、胡绳、范若愚、邓力群等。《红旗》创刊后不久，就连续发表了“九评”，展开了与苏共的理论大论战。“文化大革命”中，《人民日报》、《红旗》杂志、《解放军报》的“两报一刊”社论，曾经是中国政治走向的风向标，据说比现在的中央文件还管用。到了我去《红旗》工作时，它的地位已今非昔比，但当时的领导也不是等闲之辈。担任总编辑的是当过新华总社社长的熊复，副总编辑有王忍之、苏星等。我记得王忍之当时是中央委员，转年就到中宣部当部长去了。苏星是党内不多的经济学家之一，和于光远共同出版了国内经济学家编写的为数不多的政治经济学教材，经济学术界地位很高。除了杂志社的领导，沙滩北街甲2号这个大院内可谓卧虎藏龙，一个普通编辑，当年都可能是名满天下的风云人物。我在沙滩大院经常看到一对60岁左右的夫妇散步，同事告诉我，男的就是大名鼎鼎的关锋。还有一个当哲学编辑的，是江青当年的秘书，不知道什么原因"文化大革命"中被关了好多年。他在监狱中把马恩全集和毛泽东选集通读了许多遍，成了我们单位的活词典，只要你说出一句话或一个观点，他就能告诉你马恩、毛主席是在那篇著作中讲的。

1988年夏天，当时的中央决定《红旗》杂志停办，创办《求是》杂志，由中央党校代管。1989年十三届四中全会后，又由中央主办，中宣部代管。据说最初的方案是撤销《红旗》杂志，中央不办机关刊物了。由于党内不少有影响的人物给中央写信反对，采取了折衷方案，仍然撤销《红旗》，但另办一个刊物。据说，《求是》

杂志由党校代管后，校长高扬开始时还审读校样，过了一段时间，就决定不看了。后来这个刊物还是由中央书记处直接领导，再后来才归中央宣传部领导的。

从《红旗》到《求是》，我在红楼后面的大院工作了15年。有的朋友说，你把自己最宝贵的青春岁月都献给了这个单位。我说，这只是事情的一个方面。我在这里工作十几年，固然有付出，也有巨大收获，学会了独立工作，学会了做人，使我终身受益。

在《红旗》和《求是》，领导不摆架子，大家不相互称呼职务，对总编、副总编、主任直呼老张、老李等。单位不仅用人，也注意培养人。杂志社要求编辑不仅要会约稿、编稿，而且要会搞研究，会写研究性文章，起码要成为某个领域的“半个专家”。刚入职时，社里举办了编辑培训班，总编和各位副总编、编辑室主任亲自讲课，传授工作、研究、读书经验。苏星同志在授课时告诫年轻编辑，中国现在还很落后，成名很容易，但也容易为名所累，真正的专家并不多。这句话我记了一辈子，时刻警惕浮躁心态，注意不断学习，打好基础。社里规定，新到《红旗》工作的年轻编辑，必须到基层单位蹲点一年，进行系统的调查研究，了解基层情况。比如，我到单位工作后，就到北京第一机床厂蹲点一年，对我以后从事工业方面编辑工作帮助很大。杂志社的领导鼓励年轻编辑为杂志写文章，并亲自动手修改，有时几乎是重新改写，但发表时领导绝不署名。比如，我在《求是》杂志发表的第一篇文章，就是苏星同志亲自出题目，亲自修改过的。他不仅理论功底深厚，而且文字干净简洁，深入浅出，影响了我以后的文字风格。在《红旗》和《求是》工作不长一段时间，我就学会了写调查报告、理论文章、社论、评论等多种文体，能够独当一面，先后主持过经济编辑部和国际编辑部的工作。现在回顾起来，国务院研究室之所以愿意调我去工作，并能胜任直接为国务院领导服务的工作，与那个时期打下的基础有直接关系。

在中央机关刊物当编辑，我处理了大量国家领导人和国内顶级专家学者的文章，多次担任党中央、国务院有关领导同志和陈岱孙、厉以宁、吴敬琏等学者文章的责任编辑，在编辑过程中向作者学到了理论和知识，也学到了良好的工作作风。我编发某位领导同志一篇文章时，作者对一些修改有意见，把我请到办公室讨论，当我讲了修改理由后，作者表示赞成编辑部的修改意见。我编发的另一位领导同志的文章发表后，作者给我写来了亲笔信表示感谢。依我看，那封信本身就是一件很出色的书法作品，可惜被我遗失了。有一次我约王梦奎同志写文章，很快作者亲自打来电话，表示这个题目他不熟悉，能否下次有合适的题目再写。这些作者谦逊、严谨的作风使我深受教育，对我以后为文、为人都有很大教益。

有人讲，人到40岁以后，很难再接受新的理论观点。也许是年龄和受教育背景不同，我和杂志社个别领导同志在理论观点上存在比较大的差别，工作起来总是别别扭扭，在一些重大理论问题上甚至存在重大分歧。我到《红旗》工作前研究了社史，深知在中央机关刊物工作必须在政治上与中央保持一致，不能犯政治方面的错误。因此，在我主持经济编辑部工作时，对有些领导批来的明显与中央口径不一致的文章，我就旗帜鲜明地反对采用。这样一来，有的领导对我成见很大，以致我以副主任身份主持工作3年才变成经济编辑部主任。2001年4月份，当国务院研究室愿意调我去工作时，我离开了《求是》杂志社。

我去国务院研究室工作前，魏礼群主任就告诉我，机关收入水平比较低，思想上要有所准备。到新单位两个月后，我领到了4000多元工资。我说，一个月4000块钱，公务员收入还过得去呀。管工资的同志说，这是两个月的工资。我当时心就凉了半截，这只相当于我原来收入的三分之一。所以，后来我对别人说，我的工作是为人民服务，不是空话，是实践。后来，在朱镕基总理和以后的国务院领导推动下，公务员工资收入有了不小幅度的提高，但那已经是好几年以后的事情了。

在国务院研究室工作，既没有权，也没有钱，加班是家常便饭。有的人形容我们的工作状态是“5+2”（一周7天都工作）、“白加黑”（白天上班，晚上加班）。同事们有时调侃说，在国务院研究室工作，既没有权力腐败，也没有时间腐败，这是组织上关心我们，把我们这些干部保护起来了。周末走在从红楼到红墙的路上去加班，大街上只有三三两两的行人和车辆；午夜加班后回家，城市已经熟睡，只有北海大桥上的哨兵伫立在灯光下，想起马雅可夫斯基的诗句，“工作着是快乐的”，心情十分复杂。

在国务院研究室工作确实苦，确实清贫，但可以发挥个人聪明才智，实现个人价值，感觉自己对国家社会有用。比如说我自己，一直以来学习经济学，研究经济理论、经济问题。一个人学习和研究经济，所欲何为？最高境界就是自己的研究成果可以影响国家经济决策。从事经济决策咨询工作，直接为国务院领导服务，可以把自己的研究心得写进领导讲话稿中，变成国家的经济决策，直接推进经济改革和发展。一篇两三千字的研究报告，就有可能推动一项经济政策出台，而过去发表洋洋万言的文章、出版几十万字的书，往往像石头扔进海里，连一点声音都听不到。正所谓“求仁得仁，求义得义”，人生如此，夫复何求？

在红墙里面工作，最大的优势是在国务院领导身边工作，可以从他们身上学习思想方法、工作方法，学习做人。调到国务院研究室工作后，过去那些只能在电视上看到、报纸上读到的人就在眼前。我发现，他们也是普通人，有喜怒哀乐；但又不是普通人，确实有过人之处。

除了参与起草总理的有关讲话等文字材料，我还先后为两位副总理直接服务。他们的共同特点是为人谦逊，作风民主，从不居高临下，盛气凌人，也极少疾言厉色地批评下属。同时他们各有鲜明的个性特点。一位领导少言寡语，多数时间用来思考问题，而一旦下了决心，就要干到底，绝不动摇。他讲过的工作体会，我至今记忆犹新。推动改革要“走小步，不停步，坚决不走回头路”，“当你坚信自己的主张是正确的，但又是少数派时，要敢于坚持，脊椎要结实，能顶住压力”。事实上他也是这样做的。比如，当年在上海推进由轻工业为主的经济结构向大汽车、大化工、大港口、大钢铁和国际航运中心、金融中心转型时，许多人是反对的，他坚持下来了，带来了上海的凤凰涅槃；在筹划建设洋山港时，中央一些部门一直是反对的，他一边做前期工作，一边坚持不懈地去说服。事实证明，没有洋山港，就没有上海国际航运中心的地位。另一位领导谈笑风生，举重若轻，总是能迅速地抓住复杂关系中的主要矛盾、主要问题，并找到有效的解决办法。中央遇到重大应急问题，首先想到要他处理。胶济线发生列车相撞和重大人员伤亡、重庆主要负责人出了事，中央都是派他去紧急救火。他向我们讲述当领导的体会时说的话，我也清楚地记得。比如，他说要当好地方领导，古人已经为我们做出了榜样：一是修桥铺路，二是兴办教育；当好省委书记，要上面盯住一个人，下面盯住一群人，世界上关注一个人，就是上面要知道总书记在想什么，下面要知道广大群众在想什么，国际上要知道美国总统在想什么。实际上，这是说作为一个高级领导，要有全局观念、群众观点和国际视野。有这样的见识并身体力行，就不平凡。事非偶然，他做了更大的领导。

我出生在鲁西南穷乡僻壤，小时候的向往是能进县城当个工人，把布鞋换成皮鞋，把窝头换成馒头。没承想居然进了北京，先在五四运动爆发的地方工作 15 年，又在红墙里面工作 12 年。我经常想，人再普通平凡，人生也是有故事的，这些故事有一个展开过程；人生如棋，这棋局是变幻莫测的。唯其不可测、不可知，人生才有意思。每个人的人生开始时都是一本合上的书，我们应该郑重地、一页一页地把它翻开，每一页都可能有精彩的情节，新鲜的故事。活着是很有意思的。

（2013 年 10 月）

我是一个『武侠迷』

20世纪80年代中期，我正在读研究生。在周围同学的影响下，开始喜欢上了武侠小说。

有一段时间，我到同学房间串门，发现有几个同学每次都正在埋头读书，十分专注。我就调侃他们："用功呢，准备写书呀。"同学嘴头上也不让人，"就快出版了。有事没有？没事不奉陪了，这本金庸小说明天还要传出去。"出于好奇，我也找来当时流行的古龙、金庸的武侠小说来读。没想到一上手就难以收手，以后几年内通读了金庸、古龙、梁羽生等人的作品，成了一个准武侠迷。之所以说我是准武侠迷，是被班上几个真武侠迷比下去了。只要是国内能找到的武侠小说，他们全读过，对小说中的人物、故事如数家珍，基本上达到了专家的水平。当时班里有几个同学被大家戏称为"刘大侠"、"李大侠"、"秦大侠"等。记得研究生毕业后不久，同学刘大庆给我打电话，要我把他们家收藏的武侠小说都拿走。因为他发现儿子刘雄飞子承父业，也迷上了武侠小说，只知道用功读武侠小说，却忘了用功做功课，以致影响了学习成绩。

最近经常在报刊上读到一些作家和评论家的文章，对武侠小说的流行非常失望，甚至到了痛心疾首的地步。认真读了几篇文章，他们对武侠小说兴师问罪，无非有两个理由：一是武侠小说“俗”，二是武侠小说没有文学价值。我对他们这些高论很不以为然。

先说“俗”。如果非要咬文嚼字，“俗”不一定不好。成语说“伤风败俗”，为什么不说伤风败雅？说明“俗”这个东西很重要，是不能败的。其实，这些作家和评论家想说的是，武侠小说强调故事性，是给大众看的读物，大人先生是不屑读的。我看他们大错特错了。

大巧若拙，大雅若俗。由俗入雅难，由雅入俗也不易。中国文学史上，从唐代传奇到后来的话本小说，再到明清长篇小说，都讲究故事性。这既符合文学的根本性质和要求，也是中国人的阅读习惯。文学与哲学、经济学等社会科学不同，要用生动的故事和鲜明的形象感动人，感化人，教育人，不能通篇都是理论概念，不能让人读了云里雾里，不知所云。中外文学史上有些所谓的经典，把小说写成了结构主义、心理分析的教科书，全是概念和意识的流动，没有人物，没有故事，不知道有几个人有毅力能够把他们的书读完。所以，文学批评界有的明白人指出过，所谓经典，就是没有人愿意再重新读一遍的书。文学艺术圈内起劲地追捧经典，依我看是怕别人说他没有水平，他自己背地里也不见得读懂了，不见得真喜欢，不过是在上演“皇帝的新衣”。反观现在的文学创作，有一种很不好的倾向，就是盲目模仿西方流行趋势，无视中国读者的欣赏习惯和阅读兴趣，不讲究作品的可读性，写一些既没有人物，也没有故事、谁也读不明白的作品，只是在文学小圈子内自我循环，自我欣赏。看来作家们是在故意疏远读者，我看这是作茧自缚。没有了读者，文学创作变成了无源之水、无本之木，还有生命力吗？退一万步说，读者是作家的衣食父母，离开读者，作家还要不要吃饭了？

读武侠小说这类通俗作品的是否就一定是俗人？我看未必。要知道，现在读武侠小说的不仅有贩夫走卒、引车卖浆者流，也有不少专家、教授、工程师是武侠小说的忠实读者。从职业发生学的角度看，文学创作不需要专业知识、专业技能，是一个进入门槛很低的行当。

而从事科学、工程、学术工作，则必须接受专业教育，不是随便什么人都能干的。一些人当了作家，很重要的一个原因是做不了别的事情。这样说虽然有点刻薄，恐怕也是残酷的事实。萧伯纳的话剧《巴巴拉少校》中，剧中主人公的父亲要他选个职业。说了好多种行当，他都干不了，父亲说那你去当作家吧。儿子说，作家我也干不了，最后父亲才说那你只能去当官了。明白了这个道理，可能有助于作家们头脑清醒一点，弄清自己的定位，不要把自己摆在居高临下的位置看待他人。如果作家们不服气我讲的道理，我抄录一首著名数学家苏步青教授的旧体诗，看看当今作家几人能达到这样的水准和境界："草草杯盘共一欢，莫因柴米话辛酸。春风已绿门前草，且耐余寒放眼看。"

再来讨论武侠小说的文学价值。中国的读书人没有人不知道《史记》的，也没有人否认《史记》既是历史巨著，也是一部不朽的文学作品。但是，我不知道一些作家、批评家是否记得《史记》中的《游侠列传》、《刺客列传》？这是中国历史上最早的武侠小说。通过司马迁绘声绘色、惊心动魄的描写，荆轲、聂政、专诸、豫让等已经成为中国文学史上不朽的人物形象。快意恩仇、一诺千金、易水悲歌、白衣胜雪，年轻时读书至此，每每血脉贲张，绕室狂走，手舞足蹈。《刺客列传》、《游侠列传》的文学价值一点不逊色于《史记》中的书、表和其他世家、列传，“五步以内，喋血二人”的匹夫之怒，一点也不输给“伏尸百万，流血千里”的大王之怒。唐代是出英雄的时代，也是崇尚英雄的时代，《史记》中游侠、刺客的文学形象激发了许多大诗人的创作灵感和激情，留下了不少脍炙人口的篇章。如李白诗中就有“十步杀一人，千里不留行”的侠客形象。骆宾王写下了《易水送别》：“此地别燕丹，壮士发冲冠。昔时人已没，今日水犹寒。”钱起也写下了《逢侠者》：“燕赵悲歌士，相逢剧孟家。寸心言不尽，前路日将斜。”断言武侠小说没有文学价值，专门舞文弄墨的作家、批评家犯这样低级的错误，是很不应该的。事实上，作品的文学价值与体裁、类型没有必然联系。功夫到处，学问深时，天马行空，随心所欲，信手拈来，点铁成金，无论诗词歌赋，散文传奇，白话小说，都会千古不朽，万世流芳。

武侠小说拥有从普通劳动者到知识分子的广大读者，不只是故事性、可读性强。深入挖掘起来，美人如玉、长剑如虹的后面，还掩藏着武侠小说的“魂”，这才是它的真正魅力所在。

一曰理想主义的光辉。在武侠的世界里，江湖侠士磊磊落落，肝胆相照，一书一剑，万里独行，除奸去恶，正义总能得到伸张，恶行必然得到报应。这与现实世界里尔虞我诈，人心险恶，黄钟毁弃，瓦釜雷鸣，善无善报，恶无恶报，形成了鲜明对比。作为个人，对于这种社会现状往往是无能为力的，却能在武侠小说里找到正义和公平，得到精神的慰藉。唯其如此，人们才对善恶分明的武侠世界无比向往，对武侠小说爱不释手。有人说，武侠小说是成年人的童话，信非谬也。

二曰传统价值的凝结。金庸等小说中的一些人物，无疑是中国传统道德价值的化身。那些英雄人物，国家处于生死存亡的紧急关头，可以抛弃个人恩怨，慷慨请缨，血溅沙场，共赴国难，他们是侠客，也是爱国者；对于为害百姓，欺压善良的土豪恶霸，贪官污吏，直至皇帝老儿，他们都敢于挺身而出，予以惩戒，闪耀着正义和民本主义的思想光辉；他们善恶分明，“渴不饮盗泉水，热不栖恶木荫”，志同道合，貂裘换酒，一言不合，拂袖而去，重义轻利，知恩图报，粪土千金，一诺为重。经历了10年“文化大革命”的世道险恶，人情冷暖，告密陷害，落井下石，夫妻反目，父子成仇；身处商品经济大潮冲击，礼义廉耻日渐式微，人们一切向钱看，现在大家普遍渴望道德的回归，渴望人间真情。武侠小说推崇的传统道德和价值观念，拨动了人们的心弦，引起了人们的强烈共鸣。

三曰哲学历史的思考。中国当代著名作家中，也有人涉足了武侠小说的创作。他们的作品中，融进了作家对历史与人生的理解，使武侠小说具有犀利的历史穿透力和很高的认识价值。冯骥才创作的《神鞭》，讲述了傻二的故事。他是清末天津卫一位民间武林奇人，祖传辫子功，以辫为鞭，出神入化，中外武林高手均败在他的辫下。后来参加了义和团，在与西洋鬼子的战斗中，辫子毫无用场，还被子弹打断了，江湖上有名的神鞭从此销声匿迹。然而二十几年过去了，在北伐军的行列中，人们发现了一个弹无虚发的神枪手，这就是当年的傻二。通过这个故事，冯骥才不动声色地告诉人们，在历史大变革的当口，当变不变，死路一条；除旧图新，才有出路。

武侠小说的流行，既因为自身独特的文学价值和认识价值，也与当今时代有关联。由此看来，不管我们的一些作家、评论家喜欢不喜欢，武侠小说还要流行一阵子。

（1988 年 9 月）

我爱女儿清澈的眼睛

——写给妻子和女儿

我爱女儿，因为她是上苍赐予我的无价之宝，还因为她依然有一双清澈无比的眼睛。

这是一双孩童才有的眼睛，眼瞳黑如宝石，清如深潭，没有一丝混浊、世故、迷惘和忧伤。眼白纯净，依稀有一丝丝云彩般的淡蓝。

女儿有这样一双清澈的眼睛，大抵因为妻子给她读了太多的童话，使她的孩童时代生活在白雪公主、美人鱼和睡美人的世界里，现在还没有从童话的世界走出来。这一双清澈眼睛的深处，是一颗单纯洁净的心灵，必然缺少心机和对外部世界的警觉提防。妻子为女儿这双清澈的眼睛而担忧。但是，我并不因此担心。记得女儿还在上小学时，一位画家朋友看了女儿的画，说这孩子画出的线条像成年男子，十分的果断和强悍。从女儿的成长历程，我看出她外表柔弱而内心强大，虽然有时表现为不可理喻的执拗。西方的教育理念认为，没有愚笨的学生，只有有特点的学生。我们国家的老师们不这样认为，他们拿一个标准要求学生，数理化成绩不行，就是不好的学生。我从来没有对女儿说过，但心里早就知道，从小学到初中，女儿受尽了老师的歧视和冷眼。这是他们这一代人生活的一部分，就像我们这一代人年轻时无书可读一样，是沉是浮，必须由她自己选择和决定，家长无法代替她们。女儿居然默默地坚持着，熬过了小学和初中年代，终于可以脱离现行教育体系的牢笼，学她自己愿意和擅长的东西——美术。我猜想，单凭那小小的身躯，是难以承受巨大压力、度过这漫漫9年的，她是靠她坚强的内心走过来的。考大学时，她也面临着考验，努一把力，就可以前进一大步，泄一口气，就会被社会边缘化。在关键时刻，她仍然靠坚持，顺利考上了大学。我相信，在今后的生活中，这种内心的强大，足可以使她应对生活的任何考验与挑战，而无须父母和其他人的庇护。

女儿继承了马氏家族忠厚善良、朴实谦退的家风。这是一件所向无敌的武器，可以帮助她赢得朋友和友谊，赢得帮助和支持。在这个世界上，做君子或小人，各有利弊，就看你如何选择。小人会一时得意，但会失去所有朋友，君子会一时失意，但会赢得更多朋友甚至是小人的敬重。以我几十年的观察，不仅好人愿意和好人做朋友，小人也愿意和好人做朋友，而不愿意和小人做朋友。正道而行，善以待人，可以暂时吃亏，可以吃小亏，但不会永远吃亏，不会吃大亏，而人吃亏往往在于不老实。凭女儿传承了马氏家风和我对社会的这点认识，我对她的未来不担心。

女儿用她清澈的眼睛看社会和人生，用她善良而单纯的心灵对待世界，也许不可能取得世俗所称道的成功，既不能大富，也不能大贵。但这又有什么关系呢？在她儿童般清澈的眼睛里，玻璃片可以像宝石一样映照太阳的七彩光辉，形态各异的石头子是比黄金更贵重的艺术品，微风从树梢穿过仿佛悦耳的歌唱，白云从蓝天飘过就是一幅美丽的图画，世界上又有谁能比她更富有呢？处心积虑谋了一官半职，枕着贪来的钱睡觉，整夜提心吊胆不能入眠，这样的成功不去追求也罢。我们不必用自己的现在和愿望来塑造孩子，反正我没有底气说我的人生是成功的。回过头来看这半辈子，固然也得到了一些物质上的享受和虚荣心的满足，但也丢掉了不少率性与纯真，不时要说一些违心的话，做一些不是真心喜欢做的事。人真的需要这样做吗？我们有什么理由一定要孩子变成我们现在这样子？我不愿意世界上多一个所谓成功人士，而少一双清澈无比的眼睛。

女儿有一双清澈的眼睛，是因为她涉世还不深，还没有真正面对世态炎凉、尔虞我诈、钩心斗角、争权夺利，对江湖风波、人心险恶还没有过真正体验，对历史上的翻云覆雨、血雨腥风缺乏深刻的了解，对社会政治的波诡云谲、残酷无情更缺乏认识。曾几何时，那些熟悉的清澈的眼睛，眼见得变成了混浊，真希望经历过所有人生历练，女儿的眼睛还像今天这样清澈。

我爱女儿清澈的眼睛，我愿女儿永远有一双清澈的眼睛。

（2011 年 8 月）

我受启蒙教育的年代，是一个无书可读的年代，乡村里文化生活极度贫乏，听说书成为难得的艺术享受。

说书人的历史很久远了，有陆放翁诗句为证：“斜阳古柳赵家庄，负鼓盲翁正作场。”在我的家乡鲁西南，也有类似的民间说唱艺术。这是一种一人伴奏、一人说唱的演出形式。当琴师（一般是盲人）拉过一段过门，说书人响木一拍，演出开始。“说的是说书不说书，上场先做诗。”如果演出的是三国戏，说书人会抑扬顿挫地念道：“汉家失天下，英雄争逐鹿。三国今何在，大江流千古。”如果说的是响马故事，他们会照例来一首类似的诗：“十步必有芳草香，古来英雄在草莽。两肋插刀真朋友，舍生取义为家邦。”这些说书艺人大都目不识丁，不知哪来的出口成章、舌灿莲花的功夫。

他们都是讲故事的天才。说到古代战争，战马嘶吼，金铁交鸣，刀如闪电，枪如蛟龙，大将军斩将搴旗，如入无人之境；说起英雄剑客，血溅五步，决死二人，一言九鼎，快意恩仇，锄强扶弱，义无反顾；说起爱情故事，花前月下，缠绵悱恻，千般磨难，万种风情，真正是九转回肠，催人泪下。不知不觉，星月稀疏，已是夜半时分。这时，说书人往往制造一个悬念，戛然而止，一句“欲知后事如何，且听下回分解”，撩拨得现场听众心里直痒痒，第二天傍晚扔下饭碗，就急着赶去听下文。

除了专业的说书人，村子里还有一些老人也是故事大王。他们能凭记忆把一部部话本绘声绘色地复述下来。夏天里，男人和孩子集中到打麦场上乘凉睡觉，蛙声虫鸣，星斗满天，听老人说古道今，动辄深夜，露水打湿了衣衫，却浑然不觉；冬天，这类义务演出移到了生产队的牛棚里。一屋人围坐在火堆旁，灯光昏黄，烟雾缭绕，人们忘却了生活的艰辛，沉浸在英雄美人的传奇故事里，鸡叫五更，还意犹未尽。这些老人，扁担横到地上不知道是一个“一”字，讲起故事来却用词古雅，书卷气十足。比如，说到读书人问路，他们这样形容：“手拿山水折扇，一身靴帽蓝衫，躬身施了一礼，动问老丈……”

儿时少年混沌，听说书只是听热闹。殊不知，那些说书人讲的故事包含着价值观，“随风潜入夜，润物细无声”，听说书成为我的道德观、价值观养成教育的重要部分，影响了我的一生。

生活中与人争论时，别人言辞激烈一点，甚至遇到人身攻击，我都可以平静对待。但如果有人言辞不干不净，辱及先人，我会立刻血脉贲张，失去理智，或用更激烈的言辞回敬，或与他们划地绝交，割袍断义，从此不再往来。

从小学到中学，我学习一直很用功。天远地偏，孤陋寡闻，乡下孩子懂什么学好本领建设社会主义的大道理，好好学习，拿回优秀的成绩单，母亲会高兴，学习成绩不佳，母亲的神情会很失望，这就是我好好学习的理由。转眼来到北京十几年，也算是半个北京人了，听到北京人漫不经心地说“我们家老头、老太太”，我就会无比反感。在我家乡，决不会有人用这样轻薄的口吻提到自己的父母。这种不自觉的反应，是因为听多了那些忠臣孝子的故事，容不得对长辈的丝毫不敬。

历史上那些大英雄，国家无事，则躬耕垄上，牛角挂书，教化乡里，因此“里有君子而鄙俗化”；国家有难，肉食者无谋，他们就投笔从戎，慷慨请缨，血溅沙场，义无反顾，于危难之际，见英雄本色。当君昏臣佞，虎狼当道，人民生计水深火热，他们挺身而出，冒死切谏不成，“民为重，君为轻，社稷次之”，则斩木为兵，揭竿而起，登高一呼，从者如云，挽狂澜于既倒。对英雄烈士，我是高山仰止，景行行止，虽不能至，心向往之。国家大事，自有当政者操心，一介草民，又何间焉？然而不行，论起国事每每动了真情，忧喜形之于颜色，而为智者笑。面对严重的腐败现象，明知人微言轻，却耿耿于怀，忧思忡忡，长夜难眠，中宵徘徊。

那些侠士剑客，路见不平，拔刀相助，仗义疏财，古道热肠，粪土千金，一诺为重。《史记》记述，洛阳侠者剧孟母亲病逝，送葬者车辆上千乘，迤逦数里，可见名重一时，受人敬重。他们的狭义行径，无形中也影响了我。与朋友交，宁人负我，我不负人；不轻易允诺，一旦答应，一定帮忙到底；与人有约，绝对准时，从不迟到；有朋自远方来，借钱也要有酒有肉。按这些原则做人，十几年来读书工作换了不少地方，没有既富且贵的朋友，却从来不缺少贫贱之交、知心朋友。

读书日多，见识增长，我意识到当年说书人传播的价值观念和道德观念既有精华，也有糟粕。但是，在我看来，按这些价值准则行事，虽然够不上一个共产主义者，起码可以使人成为一个知善恶、知廉耻、正直而有气节的好人。事实上，在一个社会中，出类拔萃的优秀分子总是少数，绝大多数都是普通人。尧舜禹三代之大治余未曾见也，文武周公之教化余未曾见也，如果多数人能成为一个好人，我以为离精神文明、大同世界就更近了一步。今天人们慨叹世风日下，除了雷锋式的圣人少了，是不是我们所说的好人也少了？由此观之，当年说书人对精神文明建设还是有贡献的。

因为我是在外地工作的山东人，《大众日报》柳光敏先生命我就“齐鲁文化”这个大题目写一篇文章。我对这个题目没有研究，只好避重就轻，选了这样一个小题目，交差了事。

（写于1992年9月，摘要发表于《大众日报》，题目是重新拟定的）

东北人与山东人

在东北三省，我只是走马观花地转了一些地方。因此，对于东北的了解必然是很皮相的。既然是印象，就意味着可能不准确。所以，读者对我这篇《东北人与山东人》秋风过耳，姑妄听之可矣，不必较真。

血缘与差异

在山东半岛有一个充满浪漫主义色彩的传说：许多年前，连续几个晚上，山东半岛上的人们都看见渤海湾那边有一片连天接地的金光。风水先生说，这是因为那边地下埋有太多的黄金白银、珍珠玛瑙。于是，无数山东人踏着海里那一块块礁石，一路跳过了渤海湾，来到东北。东北便成了又一个山东人聚居的地方。

传说是美丽的，事实则是凄惨的：成千上万的山东人背井离乡，携妇将雏闯关东，唯一的原因是山东地少人多、再遇上灾荒年，在山东老家实在活不下去了，去关外是为了讨一条活命。辽阔的东北大地敞开了博大的胸怀接纳了、收养了这些苦命的山东人，使他们在这里繁衍生息。今天的东北人，上溯几代，多是山东移民。

由于东北人与山东人有这种历史的、血缘的联系，便不可避免地有许多相同之处，并互相认同，彼此视为老乡。

东北人与山东人同样的心地善良，见不得以强凌弱，路见不平，则拔刀相助。在东北与山东两地，绝少看见大街上男人殴打女人。有谁犯了这个忌讳，必受众人蔑视与围攻。在东北和山东，我听到过同样的故事：某小城大街上，有一个男人在打一个女人，众人劝男人住手，男人不听。几个小伙子一拥而上，三拳两脚将此人打翻在地。这时挨打的女人大声喊："别打了，他是我的男人！"

东北人与山东人一样性如烈火，话不投机，便老拳相向。尤其是你骂了他的爹娘祖宗，他必然与你拼命。在北京大街上，看到两个人唾沫四溅，祖宗八代骂个没完，东北人与山东人会比当事人还着急，手心直发痒。因为按他们的性格，早该拳脚相见了。

东北人与山东人还有许多共同点：不贪便宜、不算小账，呼朋唤友，钱袋不分你我；快意恩仇，为朋友两肋插刀，人敬我一尺，我敬人一丈，滴水之恩，当以涌泉相报；喜交友、守信用，把面子看得比命还重要。有朋有客远方来，即使家里揭不开锅，借钱借粮也必须有酒有肉；心无芥蒂，快人快语，毁誉均在人前，有时让人高兴，有时则让人下不来台；大块割肉，大碗吃酒，一次买半两点心的人，为他们所不齿，不会被引为朋友。如此等等。

然而，由于生存环境不同，物换星移，久而久之，东北人也形成了自己的特点，与山东人区别开来。

我观察，东北人比山东人能言善辩，幽默风趣。这大概与他们生活的人文环境、自然环境不同有关。山东是孔孟故里，传统文化发源地。传统文化固然滋养了山东人，也给他们戴上了无形的精神枷锁。“非礼毋视，非礼毋听，非礼毋言”，言语举止稍有不合古训，千夫所指，里巷讥诮，久而久之，沉默是金，山东人没有办法口齿伶俐，幽默风趣。再加上齐鲁人口稠密，天灾频仍，人祸相继，生活压得人喘不过气来，哪来的性情幽默，口吐莲花？

山东人出了关，面对着地远天高，群山苍茫，举目四顾，惟天惟地，礼或非礼，有谁介意？“孔子西行不到秦”，关外胡夷久居之地，化外之民，不受中国皇帝节制，也不受儒教的熏染。久居关东的山东人与五胡杂处，攀亲结缘，互市互易，自然染上了狂放不羁之气。这些闯关东的汉子，舍弃祖宗基业，到蛮荒之地讨生路，是中国的“牛仔”，本就比一般的山东人多一点“自由主义”。关外的自然环境，使这种自由精神得到了张扬、膨胀，心灵愈加解放。再加上东北地广人稀，土地肥美，“插上一根车杠，就可以长出一辆马车来”（契诃夫语），生活要比在山东好得多。以前在山东衣食无着，儿啼饥而妻号寒，七尺男儿未免羞惭于内，木讷于外。现在靠力气，可以养活老小，增强了自信心，实现了个人价值，而幽默风趣绝对是自我感觉良好的表现。

优点有时就是缺点。与山东人相比，我觉得东北人有点说得多，做得少，喜欢张扬。君不见，近几年来东北放了不少改革“卫星”，出了不少改革经验，改革步子实际上并不大，因而影响了经济发展。山东人出的经验少，改革步子则快于东北，因而近年来经济发展速度在全国居于前列。再比如，东北人大争“中心”、“核心”，山东人则从实际出发，怎样干好就怎样干，解决了这个矛盾。

现在的东北人思想上框框比山东人多，说得直白点，观念不够解放。这当然有其历史渊源。东北是我国的重工业基地，大中型企业多，因而经济的计划程度较高。长期生活在这样的环境里，思想难免受束缚，要突破计划经济的观念，不是一朝一夕的事情。值得高兴的是，东北人已经意识到了这一点，把转变观念提到了重要位置。我深信，一旦思想冲破了牢笼，“东北虎”势必重振雄风，傲视天下。

东北的“大”

东北给我最强烈的印象是一个“大”字。

东北人身材高大，一个个虎背熊腰。一个人大马金刀地竖在那里，就是一座小山。这大概是东北地广人稀，天高地阔，人可以伸开胳膊腿尽情疯长的缘故。

东北的地面大。或群山奔涌，如万马联翩；或平原千里，甩手无边。人到了这里，再也没有局促感，顿觉神清气爽，羽化登仙。

东北的工厂规模大，产品个头大。一重、一汽、鞍钢、大庆，资产动辄几十亿，上百亿，真是大工业，大气魄，大手笔；大型机床、大型电机、远洋巨轮、铁路机车、矿山机器，这些产品都是几十吨、几百吨甚至几万吨的庞然大物。这个“大”字让东北人自豪，然而也让东北人头疼。

胡为斯言？因为这些大个头的家伙以及煤、钢、石油是重要的生产资料，国家在价格上控制得较严。这样，改革以来因价格体制不合理，东北人自己吃了大亏，实际上为国家经济发展作出了大贡献，却落了个经济发展水平位次后移，真是有苦难言。与此同时，大中型企业是国家财政收入的主要来源，国家对它们挖得很苦，搞得这些昔日的天之骄子老态龙钟，效益不佳，影响了东北经济效益的提高。不仅如此，东北的许多大中型企业是中央直属企业，计划程度高，如何改革，以适应市场经济需要，东北人说了不算，这就影响了东北经济改革步伐以及经济的发展，现在东北人提出“第二次创业”，要寻找新的经济增长点，大力发展非国有经济，不失为一种明智的选择。

东北人吃饭用的盘子大，饭菜数量大，也给我留下了深刻的印象。同样的一桌菜，起码实际数量要超过其他地方一倍。有时饭桌上盘子叠成了蔚为壮观的“金字塔”。就这种现象，我请教了一位东北籍的学者，他的解释是：自然地理环境与人的内在气质密不可分。东北人生活在宏大广远的环境里，内在精神气质必然与外在环境融合，也是宏大广远的。这种内在精神气质的外在化，便体现为他们所创造出的东西都带有一个“大”字：大盘子、大房子、大火炕等。这解释显然是经过深思熟虑的，我信服。

对东北人的内在精神气质我取欣赏态度，而对大盘子这种外在形式，恕我不能欣赏。看到硕大的盘子垒成“金字塔”，十成菜吃得剩下六成，躬逢其盛，我有一种负罪感。我固执地认为，慷慨大方应该体现为乐善好施，扶危济贫，而不是体现为浪费东西。有人说：东北物产丰富，浪费点算不了什么。那么我要说，你还能有美国、日本等发达国家富？看看人家的宴会上的菜谱，只能说我们的做法是不文明的，是穷摆阔。如果是花国家的钱或大家的钱摆阔，那简直是败家子行为，决不能对此津津乐道，更没有理由自我欣赏。

东北酒风

东北人的能饮善饮在全国是出了名的。宴会开始，先是“三中全会”(白酒、葡萄酒、啤酒各一杯)，继而是花样百出的劝酒辞，令你无法推辞。“感情深，一口闷，感情浅，舔一舔”，一喝就必须是一杯；一杯酒过后，主人说：“一条腿怎么走路；必须喝个双喜临门。”两杯酒喝完，主人发了话：“这第三杯更得喝。党的三中全会政策好不好？好。不反对三中全会，这杯酒就得喝。”事关政治问题，立场问题，你能不喝吗？酒过三巡，面酣耳热，主人大呼“换碗上来”，于是大家一齐醉倒。

酒是中国文化的组成部分，好饮善饮是东北人的天性，是东北人的可爱之处，适可而止，则无可厚非。但如要弄到“革命小酒天天醉，喝坏了党风喝坏了胃”，则是不可取的。尤其是在宴会上死乞白赖变着法儿强迫人喝酒，更是不文明的表现，不仅不能加深感情，还会伤害感情，有时还会误事。现在人们到东北来，首先发怵的是如何对付喝酒问题。这还不该引起东北各级领导的重视吗？在东南沿海，现在有一个不成文的规定：不劝酒，主随客便。我看东北的党政领导应该把不劝酒作为一项规定，专门发个文下来。不知道这算不算小题大做？

在民间场合，以赌赛喝酒以显示自己的与众不同，我以为也是可笑复可怜的。“古来圣贤皆寂寞，唯有饮者留其名”，李白这话是当不得真的。大丈夫万世流芳，关键是或立德，或立功，或立言，不在于酒量大小。古来饮者留名的，是因为都是有真本事的。“李白斗酒诗百篇”，是以诗传名的，他的好饮便成了美谈。如果没有任何特长，只是能饮，别人除了说你是酒桶，还能说什么？当然，我们大家都是普通人，但是普通人只要敬业诚实，恪守诺言，做好自己那份事情，同样可以让人尊重，而不在乎能饮与否。

（原载于《党风月报》1994 年第 1 期，发表时用了笔名）

人必须有一个肉体，这是一件很无奈的事情。欧洲一位哲人曾无限屈辱地说："我是它的老仆人，它强迫我为它洗脚。"在现实生活中，我们的确为肉体所累。因为在高度分工、高度专业化的文明社会里，为了满足肉体的各种需求，我们一刻也离不开他人提供各种产品与服务，因而容易受到别人的伤害与欺骗，给我们带来屈辱与烦恼。

比如，在城市的大街上乘坐公共汽车，有的售票员小姐一开口，就可以噎人一个跟头，其言辞之锋利令人生畏。久居城市，尝到过几次厉害，自知我辈不是对手，懂得了小心翼翼，三缄其口。外地人，尤其是乡下人不晓得这一点，明明小姐满脸黑云，或因这个月奖金太少，或因刚买的化妆品又是假货而一肚子不高兴，偏偏这时候去买票，还要多嘴多舌："买票。""买到哪儿，说话！""俺第一次来北京，哪儿热闹买到哪儿吧。""哪儿热闹买到哪儿！火葬场热闹，你去吗？”

在生活中我们还经常遇到这样的事情：花上百元钱买一双皮鞋或旅游鞋，穿不到两天，鞋底与鞋帮就分了家；七八块钱买双线袜，洗一次就走了样，一只袜子可以装进去两只脚；如果你碰巧买了假药、假酒，那就更糟了。

在现实生活中，一个人对另一个人的伤害，很容易产生一种可怕的“涟漪效应”。比如，公共汽车售票员在百货商店遭了白眼，就可能拿某位乘客出气；如果这位乘客是位小学教师，她就可能拿学生及其家长出气；如果这位家长是个警察，一肚子不高兴上了班，就可能会有意无意地找司机的茬儿，扣车、训人；再比如，如果农民买的化肥、农药是假的，误了农时，收入减少，他们就可能往棉花里掺土、往猪肉里注水，进行报复；纺织厂、副食店吃了亏，就可能以次充好、缺斤短两，从消费者身上找补回来。结果，不多的几个“癌细胞”迅速扩散，使人与人之间变得冷漠与不信任，生活中我们就得时刻提防受伤害与蒙骗。人这样活着，该有多累！

为了逃避，我经常这样幻想：人如果没有肉体，只有灵魂该有多好！那样我们就可以免除以上烦恼，自由轻松地活着。然而，这终归是幻想，肚子的咕咕叫，注定要把我们从幻想的天空拉回到尘世，我们仍然必须为了满足肉体的各种需求去奔波。

既然灵与肉不可分，既然为了满足肉体与灵魂的需求，我们相互依赖，唇亡齿寒，那么，人与人之间为什么不能“老吾老以及人之老，幼吾幼以及人之幼”，相濡以沫，互相帮助呢？我们又有什么理由不以感恩的心情对待生活、对待他人，尽心尽力地做好自己分内的事，为他人服务呢？

“只要人人都献出一点爱，世界将变成美好的人间。”这句歌词虽然有点儿不科学，表达的愿望却是美好的。

这就是我的梦，但愿梦想成真。

（原载于《是与非》1994年第10期）

一

“我给大家讲个笑话。”酒过三巡，菜上五道，衮衮诸公都有点面酣耳热了。座中一位用餐巾擦擦油汪汪的嘴，主动要为大家助兴，把今晚的聚会推向新高潮。

“一个山东乡下人来到北京，好不容易挤上了公共汽车。咣当一声，车门关上，山东人大喊一声，‘同志，你夹住俺的腚了！’‘什么腚呀腚的，那叫屁股，土老帽！’售票员很不屑地说。‘同志，俺买票。’‘买到哪儿？’‘俺，俺买到安屁股门！’”席间一阵哄堂大笑，推杯换盏，气氛更加热烈起来。

这是一个在北京非常流行的笑话，每次有人讲，都能收到良好的娱乐效果。因为我来自农村，对笑话背后表达的对农民的歧视十分愤怒。每次听别人津津有味地讲述这个笑话，在座的人享受居高临下的优越感，我都会不合时宜地站出来："查查诸位的祖宗三代，大家进城才几天，不要数典忘祖"，一下子败了大家的兴。

现在，城里人对农民的歧视司空见惯，而且成了一种时髦。比如，经常听到城里人酸溜溜地说，"现在老乡富了"，"现在有的老乡也当上董事长、总经理了"，"新鲜事，现在农民也开上汽车了"，等等。弦外之音，农民压根就不应该富，就不应该当董事长、总经理，不配坐小汽车。再比如，公共汽车上，如果一位女士旁边站着一个农民工模样的男人，她就会眉头皱得紧紧的，做委屈状、厌恶状、不安状，好像那乡下小伙就要对她非礼了。再看那年轻的农民，努力保持着与别人的距离，紧紧抓住扶手，生怕接触了别人身体，招人讨厌。

与城里人相比，乡下人确实文化水平低，少见识，不文明。比如，有的农民虽然有了几十万、上百万身家，当了董事长、总经理，但是身着西装却脚蹬布鞋，领带系在毛衣外边晃来荡去，土洋土洋，反而透着更土；有的农民在公共场合被抓住随地吐痰，死活不肯掏那5毛钱罚款，有的实在赖不过了，掏出1块钱，很气派地再吐一口痰，"不用找零钱了！"但是，如果城里人往深里想一想，为什么农民没有城里人文明、有教养，就不会那样理直气壮地鄙视他们了。

新中国成立后，党和政府一直强调要消除“三大差别”，而实际上公共资源多数投到了城市，教育和文化设施条件好得多，使城里人可以接受良好的教育，享受和接触现代文明，变得相对的文明和有教养。在农村，许多人还没有受教育的机会，不少学校还是“黑屋子、土台子、泥孩子”，没有机会见识现代文明。而谁能够成为城里人，是生下来就注定的。生在了城里，就可以进机关、工厂当干部、当工人，做一辈子城里人；生在了农村，就只能面朝黄土背朝天，修理一辈子地球。城乡隔离的政策，只有极少数人有机会实现鱼龙蜕变，可以逃离农村，更多的人是跳不过“农”门的。电影《人生》中的高加林，不是不爱巧珍，从乡下人变成“公家人”，对他的诱惑太大了。他的痛苦与矛盾，局外人是无法理解的。司汤达写作《红与黑》，对于连有道德谴责，但也抱有深深的同情。看《人生》，如果只是鄙薄高加林，那是相当浅薄的。

二

从20世纪60年代末到70年代中后期，毛主席一声令下，成千上万城市知识青年来到农村。农民们不懂反帝反修的大道理，不知道自己大字不识一个，怎样去教育来自城市的文化人。在他们看来，本来乡下就地少人多，知识青年上山下乡，城里娃是和乡下人争饭吃来了。尽管满肚子不乐意，念及孩子们远离父母不容易，他们还是张开怀抱给予关心，帮助城里孩子盖了房子、安了家，一碗饭分给城里娃一半。

后来，城里娃回到城市，伸开手让人看他们手上的老茧，诉说着他们在农村吃的苦、受的累、遇到的委屈。有本事的，还把他们在农村的苦难以及在农村看到、听到的龌龊事写成书、拍成电影，赚了钱，出了名。

再后来，一些不安分的乡下人也跑到城里来了。城里人开始抱怨了，乡下人来到城里，城市变得拥挤了，不安全了。一些理论家就如何对付城市流动人口献计献策，格外起劲。一般城里人更干脆，把乡下人赶回乡下去！这其中，有不少当年的知青，受过人家的恩惠。

且不说城里人这样做是否薄情，作为一个现在的城里人，我不禁为城里人捏一把汗：果真把乡下人都赶回去，城里人还能活得这样滋润吗？

几十年来，我国实行“铁饭碗”、“大锅饭”，以及从摇篮到墓地的福利制度，已经使一些城里人贵族化了。他们根本不满足什么按劳分配，而是希望少劳多得，甚至不劳多得。这些年，一方面城里不少人待业失业；一方面，有些脏点累点的工种，在城里根本招不到人干，像翻砂、环卫、锻造、纺织、建筑等工种和行业，只能从农村招工。在有的企业里，真正卖力干活的，是从农村招来的临时工、合同工。上海人就说："上班白相相，干活靠阿乡。"城里人只看乡下人长着一张口，要吃饭，要穿衣，看不到乡下人也长着一双手，能劳动，能创造。改革开放以来，眼瞅着高楼万丈平地起，混凝土里搅拌着乡下人的汗水；乡下人到城里开饭馆、开发廊，城里人不再为吃饭难、理发难犯愁；成千上万乡下姑娘进城当保姆，为年轻父母解除了后顾之忧。

心理学家指出：在乘公共汽车时，车上的人和车下的人想不到一块去。车上的人说，够挤了，快开车！车下面的人说，等等我，别开车！现在城里人已经"上了车"，就讨厌乡下人再往上挤。然而，农村城市化，这是经济发展的必然趋势，并不听城里人吆喝。所以，城里人最好还是欢迎农民到城里来，大家一起乘上城市列车，共同奔向文明与富裕。

（1995 年 3 月）

《中外吃人史话》序

泰始之初，鸿蒙开辟，一群猿猴从大树上溜下来，从地上站起来，折木为耒，敲石为刀，开始从事原始耕种和狩猎活动。从此人猿揖别，掀开了人类历史的篇章。

马克思、恩格斯主张，是劳动创造了人。经过劳动这种有意识的创造性活动，人类的智力不断改进，适应自然、改造自然的能力不断增强。人类要生存，与天斗、与地斗，还要与外族斗，必须齐心协力，形成一定的社会秩序，需要有法律规范、道德规范、文化规范。历史上各民族的圣者、贤者为他们的人民树立了榜样，对人民实行教化。由于上述种种原因，随着人类毛发变得越来越少，也逐步变得文明、高雅、理性，与自己的祖先渐去渐远，与动物的区别越来越大。

西方文艺复兴运动主张恢复人本主义传统，反对把人当做上帝的附庸，赞美人性之美和人类的伟大。莎士比亚在《哈姆雷特》中有一段经典台词，给予人类热情洋溢的歌颂："人是一件多么了不起的杰作！多么高贵的理性！多么伟大的力量！多么优美的仪表！多么优雅的举动！在行为上多么像一个天使！在智慧上多么像一个天神！宇宙的精华！万物的灵长！"

"人之所以异于禽兽者几希"！孟子对人类的理智和高贵表示了极大的怀疑。穿透两千多年的时空，我们仍能听到孟子冷冷的声音。实际上，人身上有人性，也有兽性。对人性和理性不能盲目信赖。在通常情况下，人类因为受教育，因为道德约束，会自觉地压制兽性。社会有法律规范、道德规范，强制人们抑制兽性，彰显人性。但是，一旦出现了社会礼法混乱的状况，一旦人们的生存受到威胁，在这些非常境况下，人就会露出动物性的一面，极端的情况下甚至上演人吃人的惨剧。

人类进入文明社会几千年，人吃人的现象屡见不鲜，主要发生在以下几种情况下：第一，在奴隶制和封建制度下，皇帝和国王地位至高无上，"溥天之下，莫非王土，率土之滨，莫非王臣"，"朕即国家"，权力无边，不受任何法律和制度制约，一些暴君不仅以杀人为乐事，而且以吃人为消遣。齐国弄臣易牙为了向齐桓公邀宠，把自己的儿子蒸了做菜，说明当时吃人不是新鲜事。20

世纪中期的中非共和国总统把吃人肉当成家常便饭，消息传出，举世骇然。第二，历史上遇到天灾人祸，或遭逢大旱，赤日炎炎，禾稻枯焦，颗粒不收；或大雨倾盆，数月不止，人或为鱼鳖，遑论收成；或飞蝗成灾，所过之地，寸草不留。当是时，封建统治者只顾寻欢作乐，不管百姓死活，老百姓粮食吃完，继之野菜、树皮、草根，最后易子而食，爨骨而炊。第三，历史上兵连祸结，往往围城数月数年，外无救兵，内无粮草，先杀战马，再吃弱卒，城中食人无数。唐朝安史之乱时，张巡守睢阳10个月，救兵不至，城中粮草已尽，为了鼓舞士气，杀了自己心爱的妃子充当军粮，后来城中共吃了3万人，坚守到最后战死。读书至此，不禁毛骨悚然。

鲁迅先生曾经设想写一本中外吃人史，可惜没有完成。我们动议编写这本《中外吃人史话》，完成先生未竟愿望，不是耸人听闻，只是知古可以鉴今，可以警示世人，让全人类都来共同努力，彻底消除人吃人的社会环境和条件，使人吃人的惨剧不再发生。

我以为，要使人吃人的事情不再发生，第一，要使广大民众当家做主，制定并实施严格的法律和制度，把权力关在笼子里，使形形色色的统治者不能为所欲为。如果他们胡闹，人民可以把他们送上权力宝座，也可以把他们从宝座上拉下来。这样，他们就不敢、也不能为非作歹，戕害百姓，甚至做出吃人的混账事。第二，要聚精会神地发展经济，使社会财富极大丰富起来，使人民群众生活一天比一天好起来，才不会发生类似吃人的悲剧。天下父母，谁不爱骨肉之亲；生而为人，谁没有怜悯之心。历史上发生吃人惨剧，盖因为物质匮乏，人的生存受到威胁，兽性就会战胜人性，就会易子而食，就会同类相食。“四人帮”宣扬“宁要社会主义的草，不要资本主义的苗”，宁要贫穷的社会主义，不要富裕的资本主义，那都是吃了饱饭后撑的，反正他们自己没有饿饭。党的十一届三中全会以来，我们在邓小平同志领导下，全心全意搞了十几年经济建设，国家经济实力有了很大提升，人民生活也有了很大改善。但是，与发达国家比，我们的差距还很大，实现社会主义现代化，还有很长的路要走。对以任何面貌出现的企图干扰经济发展的论调和主张，都要提高警惕，都要坚决反对，绝不能吃了几天饱饭就开始发高烧，开始穷折腾，偏离三中全会以来党的路线、方针、政策，偏离经济建设这个中心。

（1992 年 3 月）

曾经沧海事 不改赤子心

——胡海林散文集《雪泥鸿爪》序

胡海林散文集《雪泥鸿爪》即将付梓，嘱我作序。时下青蝇附骥之风正盛，我一非文人，二非闻人，为什么要我作序？海林说：“因为只有你最了解我。”这理由充分得让人无法推辞，但愿海林今后也不会懊悔。

客居北京20余年，阅人不可谓不多，真朋友却屈指可数。茫茫人海，时移事迁，许多打过交道的人，都已面目模糊，相忘于江湖了。我和海林自1992年相识，尔来十有一年矣。大概是同样出身贫寒且志趣相投的缘故，海林与我，君子之交，淡淡如水，温不增华，寒不减叶，历时愈久，相知愈深。不仅如此，由于我们之间的友谊，妻子女儿们也过从甚密，成为通家之好。这正应了侯宝林先生的话，“一户侯”莫交万户侯，穷哥们才是真朋友（大意如此）。

海林如今豪宅名车，也算是成功人士了。虽然说，自古英雄起草昧，有谁知，此中艰难与辛酸！海林出身于江西农家，七八岁开始放牛割草，13岁随成人下田劳作，16岁参军到福建东山。实指望当个排长连长，脱了布鞋换皮鞋，结果守了几年海岛又复员回到南昌县塘南老家，当上了民办教师。因不甘“蓬门陋巷，教几个小小蒙童”而白首蒿莱，终老一生，遂伴一灯如豆，听风雨鸡鸣，发奋读书，靠自学获得文凭。《江西日报》招聘记者，海林凭三篇锦绣文章被录取。后又有人慧眼识才，被推荐到国家机关工作。原以为好风凭借力，直送上青云，可叹书生耿介，不识官场风波险恶，堪堪陷入一盘死局，仕宦一途眼看不通。经此一番缠斗，金丹换骨，了悟世情，于是壮士断臂，投身商海。几年来，以勤劳为舟，至诚为桨，灵性为帆，沟联八方，组合资源，运筹策划，袖里乾坤，居然绝处逢生，赤手空拳杀出一条血路来。子曰：邦有道，贫且贱，可耻焉。今世何世？海阔凭鱼跃，天高任鸟飞，此处不留爷，自有留爷处，世间事无不可为者。怨天尤人者可以休矣，坐而谈玄者可以休矣。

内圣而外王，是中国知识分子的理想境界。君子疾没世而不闻，太史公道出了千古文人心里话。生为男儿，饱读诗书，当修身齐家治国平天下，建立不朽事功。或运筹帷幄，布衣而为帝王师，一言而为天下法；或统率貔貅，沙场点兵，定边抚远，万里封侯。梅妻鹤子，优游泉林，那是失意文人的无奈选择。中国文人的另一面是，身居庙堂，心向邹鲁。纵然一生轰轰烈烈，若不能立德立言，则是大缺憾，也为士人不齿。“小范老子胸中自有百万雄兵”，还有《岳阳楼记》万世流芳，“碧云天，黄花地”千古伤心。毛泽东不但干出了一番掀天揭地的大事业，且写得一手恣肆汪洋的好文章，吟得一卷气吞山河的诗词，就有了褒贬古人的资格：“秦皇汉武，略输文采。唐宗宋祖，稍逊风骚。一代天骄，成吉思汗，只识弯弓射大雕”——都还差了那么一点意思。

江西钟灵毓秀。说山水，“森秀竦插，有超然远举之致。吾谓目中所见山水，当以此为第一”(清人刘继庄语)。论人物，群星灿烂，光华满天。晋代有陶渊明“采菊东篱下，悠然见南山”，宋代以降，文运轮转，朱熹、欧阳修、王安石、曾巩、晏氏父子、黄庭坚、杨万里、汤显祖、文天祥，炸雷似的名字还可以列出一长串。“只为你如花美眷，似水流年”，教人如醉如痴，齿生余香；“人生自古谁无死，留取丹心照汗青”，读来血脉贲张，直欲拔剑起舞。当今江西，文事虽已不复昔日辉煌，然而千年教化之功，流风遗韵依稀可见。“夜光光，秀才郎，骑白马，过南塘”，连童谣也透着高古雅意；再看北方某省民谣，“小小子，坐门墩，哭着喊着要媳妇”，高下立判。江西画家、作家郑云云（郑女士也是海林文友）写江西人的散文中说，赣人“尚文不尚武，好思不好动”。是耶，非耶，只有江西人知道。我观海林，好学深思，灵秀质朴，骨子里一文人。若非形格势禁，当属抽着烟斗，坐拥书城，墨香盈袖一类人物。即使如此，海林于商场搏杀、虎口夺食之余，几年间不仅读完了硕士又读博士，而且出版了两本专业性很强的行为心理学著作，并写了数量可观的散文，结成今天这本集子。这要比常人多付出多少勤劳与汗水，其中甘苦，海林自知。对海林这样端整自重、勤勉发奋之士，我怀有永远的敬意。

孟子曰：大人者，不失其赤子之心。我读海林散文，如观秋日长空，万里澄澈，明净无尘。写江西山川，赣中人物，于白描叙事，淡淡怅惘中，诉说刻骨铭心的乡愁和割舍不断的依恋；状一草一木，一山一石，于平常中见神奇，天心人心为一体；访先贤遗存，古刹宫阙，则潜心钩沉，说兴替，论成败，发思古之幽情。海林著文是倾注了感情的。我想海林在写作过程中，必有如下情景：与自然及古人灵犀相通时，当每每会心一笑；写到狂喜与悲愤处，当绕室疾走，攘臂大呼；回首如烟往事，于伤心处，当泪湿青衫。世间惟情能动人。读《雪泥鸿爪》，亦喜亦悲，不觉雄鸡唱晓，东方既白。

关于这本集子，只能说这么多了。至于创作手法、艺术特点云云，门外汉评头论足，不免言不及义，贻笑大方。愿海林多挣钱，多读书，多写好文章，继续做个大好人。我期待着海林下一部作品尽快问世。

（《雪泥鸿爪》，胡海林著，河北人民出版社 2005 年 12 月版。该书序收入本书时，标题是我另加的）

不死的树与不朽的人

塔里木万里戈壁黄沙，令人难忘的是胡杨树。这是戈壁沙漠里的忍者，孤独、不屈、傲岸。当地人把胡杨树称为“三千岁”——一千年不死，死了一千年不倒，倒了一千年不朽。在塔里木油田参加先进性教育活动两天多，与这里的党员和石油工人近距离接触，我深知沙漠里不仅有不死的胡杨树，还有永远不倒的旗帜，这就是共产党人坚定的理想和信念；还有不朽的人，这就是战斗在塔里木的共产党员和石油工人；还有不死的灵魂，这就是塔里木共产党员和石油工人的无私奉献精神。

石油是工业的血液。经过半个多世纪的开采，我国东部油田产量逐步递减。为保证国家石油供应，中央做出了开发西部油田、建设中国石油战略接替地区的决策。塔里木盆地方圆56万平方公里，石油和天然气蕴藏丰富，是一个巨大的聚宝盆。但是，到塔里木探宝淘金，就是和死神掰腕子。盆地边缘及四周是绵延不绝的戈壁，腹地是举世闻名的塔克拉玛干大沙漠，瀚海茫茫，沙浪滚滚，名副其实的“死亡之海”。塔克拉玛干，维吾尔语的意思是“进去出不来”。在库车回首北望，那些险恶的山峰、火红的岩石似乎在警告人们：此路不通，再往南走，必遭凶险与不测！大沙漠吓不倒用大庆精神和铁人精神武装起来的中国石油工人。从1989年开始，大批石油人高唱《我为祖国献石油》，从四面八方开进了戈壁沙漠，克服了无数困难，硬是在塔里木发现了大构造，钻出了高产油气井，谱写了一曲与死神和命运搏杀的英雄乐章。

塔里木年降雨量只有70毫米，沙漠里白天地表温度高达70摄氏度，能把人血液里的水分烤干，夜晚沙漠风吹来寒透骨髓，条件的艰苦与严酷，不身临其境是难以想象的。要在塔里木扎下根，找到和开发大油田、大气田，必须有理想与信念的支撑。油田的共产党员在座谈会上发言时说，作为石油人，共产党员为理想和信念而奋斗，就是要为祖国找到大油田，多生产石油和天然气。共产党员的先进性，就是要体现在敢于挑重担，关键时刻能站出来，冲上去。他们是这样说的，也是这样做的。是共产党员牵着骆驼最早踏入大沙漠找油找气，一些人再也没有走出来。在西气东输主力气田克拉2开发的关键时刻，共产党员组成了党员班组，承担最繁重、最危险的任务。毕业于华东石油大学的山东小伙王增志，是塔中综合站的党支部书记。他说，对青年人来说，在塔克拉玛干沙漠腹地工作，工作生活条件差还可以克服，最可怕的是孤独与寂寞。有的年轻职工一遍又一遍数地上的蚂蚁，以打发时光；夜里对着沙漠里一轮冷月，像孤狼一样嗥叫，以驱逐寂寞与恐惧。站里的共产党员一方面坚守岗位，做好本职工作，用自己的实际行动为青年职工做出榜样，一方面讲铁人精神，讲石油工人的传统，引导他们树立理想信念，形成高尚的精神追求。党支部想方设法丰富职工文化生活，营造家庭般的工作生活环境，用真情温暖人、凝聚人。日出月落，风刀霜剑，这支以青年人为主的队伍在沙漠腹地牢牢扎下了根，年年出色完成各项任务。到过塔里木才会体会到，从这里源源不断输出的石油和天然气，是理想与信念的结晶；亘古荒漠上高耸的井架，是共产党人在沙漠里竖起的理想与信念的不朽丰碑。

塔里木油田的建设者不少来自大庆、胜利等条件较好的油田，许多科技工作者放弃在内地大城市和经济发达地区工作的机会，来到塔里木参加会战。他们“开发大油田以艰苦奋斗为乐，进军塔里木视无私奉献为荣”，长年工作在瀚海沙漠中，默默奉献，无怨无悔。有的科技人员还拒绝了出国和到外企工作的机会。他们说，在外国和外企，生活条件虽然比塔里木优越，但自己没有根，没有事业。在塔里木献身祖国的石油事业，心里踏实，有奔头。毕业于大庆石油学院的女科技工作者马玉杰，领导着一个科研小组，加班加点是家常便饭。赶上爱人出差，去接孩子时，其他孩子都早已回了家。在克拉2气井地质数据分析处理的紧张关头，往往要工作到深夜。回到家，孩子还睡眼蒙胧地等着妈妈回来。塔里木的孩子懂事早，一边抹着眼泪，一边对妈妈说：“妈妈，我一个人在家不害怕。”

几代石油人的艰苦奋斗结出了丰硕成果。到2004年底，塔里木油田累计生产原油4792万吨，为国家贡献税利240亿元。今年的油气当量将超过1000万吨，2010年将达到2000万吨，2020年将达到5500万吨，占目前我国石油产量的一半左右。在为祖国石油事业发展作出贡献的同时，塔里木的共产党员和广大职工也创造了人生的辉煌。来自嘉陵江畔的王招明，1982年大学毕业后，在塔里木一干就是20多年。他在寻找克拉2气田和其他油气田过程中奋力攻关，忘我工作，发挥了重要作用，荣获全国“五一劳动奖章”，被评为石油系统先进科技工作者和全国百名先进科技工作者。目前，他已从一名普通大学毕业生，成长为塔里木油田的总地质师。塔里木人用鲜血汗水和富于创造性的劳动，自豪地向世人证明：“只有荒凉的沙漠，没有荒凉的人生。”

在塔里木的日子里，我的眼睛经常饱含着泪水。从塔里木油田的共产党员身上，我对新时期共产党员先进性有了新的认识。他们的感人事迹和崇高精神境界，永远激励着我为亲爱的祖国和人民更加努力地工作，也促使我重新思考人生的意义。发展市场经济，并不意味着人们都要变成市侩。人还是要有一点精神的。“有的人活着，他已经死了；有的人死了，他还活着”，人生境界毕竟有高下之分。清者自清，浊者自浊，人们固然有权利选择崇高，也有权利选择平庸，但是我们的社会决不可以讴歌平庸而鄙薄崇高；有的人选择索取，有的人选择奉献，法律无能为力，但是社会道义决不能赞赏索取而嘲弄奉献。同时，一个文明、正义和有良知的社会，不应该让无私的奉献者永远奉献，让贪婪的索取者永远受到供奉。如果不是这样，那就可以断言，一个民族已经不可原谅地堕落了，一个社会已经发生了不可救药的癌变。纵然是烈火烹油，繁华无限，“眼看他起高楼，眼看他宴宾客，眼看他楼塌了”，也必将走向穷途末路。

即将离开塔里木时，我向当地领导建议，把库尔勒市孔雀河风景区的维纳斯、大卫、丘比特等西洋雕塑，换成王进喜、王启民和塔里木油田英雄模范人物的雕像。历史是不应该忘记的。让我们和子孙后代永远记住那些为中国石油事业忘我奋斗过的人们，愿大庆精神、铁人精神和中国石油工人的优良传统世世代代传下去。

（摘要发表于《求是》杂志 2005 年第 11 期）

丹鸿桥记

大哉中国，江山形胜，岂止三山五岳，五湖三江，而多籍籍无名，何也？唐人刘禹锡曰：山不在高，有仙则名；水不在深，有龙则灵。余谓曰仙曰龙，亦虚亦妄，殆非至论。夫山川壮美必有大仁大义者出，仁者义者出而山川必有遐迩名。所谓石蕴玉而山晖，水怀珠而川媚，玉也珠也，仁者义者出于其中也。由是观之，岭南之玉带水及石根、鸡笼诸峰，必因丹鸿一桥而享远近名。

友人黄丹鸿，广东省信宜市朱砂镇溪兰车头上村人，世代祖传中医，怀菩萨心，负神仙术，悬壶济世，起人沉疴，声动南粤，誉满京华，名扬海外，由来有年矣。2005年以来，遵父母遗命，捐资450万元，倾5年心力，丹鸿桥于2009年5月竣工。桥长110米，宽6米，高15米，牵绿引碧，长虹卧波，飞龙在天。当代书界泰斗沈鹏先生书丹，字以桥传，桥以字名，相映生辉。大桥建成，昔日天堑，今变通途，人流物流资金流，滚滚涌流，财源茂盛；深山一隅，接连五洲，文教科技卫生业，业业兴旺，有凤来翔。

往古至今，贫而乐而不谄不易，富而不骄而好礼亦难，唯通人达士可致。春秋之季，齐国士人待晏子而举火者三千人；有宋数代，苏州范氏因义田而免饥馁者90余家。丹鸿先生富而不忘桑梓，捐资修桥，慷慨好义迹近古人，美名必与山川同在，万世流播，我意范文正公赞严子陵句，正可以为先生歌：云山苍苍，江水泱泱，先生之风，山高水长！

花不可以无蝶，石不可以无苔，桥岂可以无记？余慕丹鸿先生高古雅意，受命不辞，欣然命笔，是为记。

（2009年7月）

第二辑　不说不快

食堂养了只『贵族猫』

近日读报，看到一篇文章。某日本公司的一个头目训斥下属时说："看看你，懒得像个中国人！"

读了这篇文章，我又愤慨，又感慨。愤慨的是，中国人勤快还是懒惰，关你日本人什么事？阿Q长了癞痢头，也轮不到王胡等无赖来多嘴。感慨的是，中国人素以勤劳勇敢而著称，可惜那是过去的事。现在中国人的确不争气，已经变得越来越懒了，以致成了人家的反面教材。

看看机关干部的工作状态：一杯茶，一支烟，一张报纸看半天；门难进，脸难看，事难办。

企业的情况也好不到哪里去，"临时工流汗，正式工打鼾"，"泥饭碗出力，铁饭碗休息"。企业的干部反映，现在工人一天实际工作时间只有四五个小时，有半天时间是混过去的。在企业里，翻砂、铸造等脏活、累活正式工根本不干，只好雇临时工、合同工干，一部分工人成了老爷，已经“贵族化”了。难怪现在这么多企业亏损，日子就像“王小二过年，一年不如一年”。

过去能吃苦耐劳的中国人是怎么变懒的？我想起了机关食堂那只猫。

一个时期，《求是》杂志社机关食堂鼠害泛滥，师傅们找来了一只猫养在食堂里。这只猫开始时非常忠于职守，一天到晚兢兢业业地抓老鼠，很快消除了鼠患。但时间不长，这只猫就不再抓老鼠了。因为食堂里有的是大鱼大肉，肚子饿了，到师傅们面前“喵喵”地撒一顿娇，就能饱餐一顿。很快这只猫养得肥肥胖胖，吃饱了就躺在太阳地里睡大觉。有一天，几个小朋友跑来告诉我：“叔叔，食堂那只猫怀孕了！”我告诉他们，这只猫是公猫。它不是怀孕了，而是发福了。于是，养肥了、也变懒了的猫与老鼠和平共处，食堂里的老鼠又猖獗起来。

这情形和我国国有企业的情况很相像。几十年来，中国经济体制的一大特点是吃“大锅饭”。企业里也是一样，干和不干一个样，干多干少一个样。所谓“干的不如看的，看的不如捣蛋的”。只要工人进了国有企业，从摇篮到墓地都由国家包下来。实行改革开放以来，虽然在企业里推行了奖金制度，但刚开始时大家轮流坐庄，后来奖金干脆成了固定工资的一部分，过去是“一锅大锅饭”，现在是“大锅饭一锅”，体制机制没有多大变化。在这种体制下，勤快的变成了懒汉，如同猫不捉老鼠一样，工人是国家的主人，却不认真干活。

劳动创造财富，天上不会掉下馅饼来。要想使大家真正富起来，使国家真正强大起来，必须调动劳动者的积极性，努力工作，创造性地工作。要使劳动者有工作积极性，还是那句老话，必须真正深化改革，彻底打破“大锅饭”，实行按劳分配。谁想收入高一点儿，生活得比别人好一点儿，就要更勤快一点儿，多流一点儿汗，多出一把力。

（1987 年 10 月）

『守夜人』你当自重

在诗人的笔下，夜晚或冷月如弓，明河在天，或冰轮如洗，月明星稀。情人们在花前月下，缠绵缱绻，一派宁静与温柔。然而，“月黑杀人夜，风高放火天”，夜晚也是狼群出没，强盗打劫的时辰。于是，人群中走出了守夜人，人们用信任的目光目送他消失在无边的黑暗中……

《旧约·以赛亚书》第21章《论度玛之预言》中有一段意味深长的对话：“守夜人，夜晚怎么样？”守夜人回答：“黎明即将来临。”读书至此，不禁浮想联翩。我想，当无数眼睛在暗夜中安然合上，当远处天际流星划过，仿佛有一万个幽灵在天幕下潜行时，守夜人必然是一夜无眠，四处巡查，警惕着野狼袭击羊群、强盗潜入帐篷。而今黑暗将尽，曙光在前，守夜人抖落两肩寒霜与一夜的疲惫，如释重负，我们也不禁为他嘘一口长气。在我看来，与耶稣基督一样，守夜人周身也缭绕着圣洁的光环。

我们的社会也有自己的“守夜人”，即掌握各种权力的公职人员——巴黎公社的领袖们所说的社会公仆。为了让“公仆”们尽职尽责地为社会“守夜打更”，社会免除了他们从事物质生产的义务，不稼不穑，便可过上比较体面的生活。与此同时，他们享有其他社会成员所不具有的特权，有较高的社会地位。更为重要的是，人们挑选他们做社会的“守夜人”，实际上是把身家性命托付给了他们，这种无限的信任，足可以使任何热血志士为之献出一切，“守夜人”理当自重！

然而，在现实生活中，有的社会公仆却令我们大失所望。他们亵渎了善良的人民对他们的信任，身为“守夜人”，却充当了窃贼。他们把人民赋予的权力当成了为个人谋私利的手段，不管该办不该办的事，都得先“意思意思”，“研究(烟酒)一下”。如果不“意思意思”，或者“意思”得不够“意思”，就让人家的事情结果变得没意思。对公家的钱财，他们像花后娘的钱一样毫不心疼，请客送礼，大吃大喝，一掷千金。东北老百姓形容这些领导干部“一顿饭吃掉一头牛(上千元)，屁股下坐着一座楼(百万元的高级轿车)”。他们有的执法犯法，甚至与犯罪分子狼狈为奸，成为犯罪分子的保护伞。沈阳市一位派出所所长，经常出入管片内的宾馆、饭店，白吃白喝不算，喝多了酒还要调戏女服务员。有一次他穿便衣到饭店白吃，酒后又做下流动作。当饭店工作人员出面制止，并说要打电话通知派出所时，他把工作证往桌子上一拍说："老子就是派出所所长！"

"守夜人"监守自盗实在比小偷、强盗更下贱，因为他们可耻地利用了人们的信任，亵渎了人间最美好的东西；比小偷、强盗更可怕，因为人们对小偷、强盗会加以防备，而将"守夜人"当作自家人，谁会料到他们当中竟有人趁我们熟睡之际登堂入室，拿走我们的钱袋，牵走我们的牛羊呢？

值得庆幸的是，经历了一次次失望与愤怒后，人们终于明白了一个道理："社会公仆"滥用权力，他们就可能不再是"公仆"而变成主人去奴役大众。放纵权力，就是放纵罪恶，就是对人民的不负责任。因此，从人民的利益出发，改革现行政治体制，建立起一种真正的、强有力的权力制约机制，与经济体制改革一样，是同样必要与紧迫的任务。

（原载于《是与非》1994 年第 4 期，发表时用了笔名）

大街上捡来的话题

都市的大街上，生活的急流不舍昼夜地奔涌着。在这条永不止息的河流中，流淌着历史，流淌着文化，流淌着哲学、经济学……愿意研究生活的人，均可以从大街上捕捉到自己感兴趣的问题——我受的是经济学的专业训练，习惯于对街头的经济现象做费尽心力的钩沉。

怎一个“涮”字了得

中国人有一种矛盾的性格。有时候会让自己的想法烂在心里，永远不会告诉任何人；有时候又唯恐人家不了解他怎么想的，光嘴上说还不行，还要写成标语挂街上。

北京安定门内大街东侧有一家饭馆，窗玻璃上劈头一个触目惊心的“涮”字，足有一平方米大小。骑车继续前行，安贞桥与国家奥林匹克体育中心之间，一家小饭店的窗户上，“涮”字后面竟跟着三个又粗又大的惊叹号。

中国字是有表意功能的。从这两家饭馆路过，我从字的写法读出了以下的潜台词；“吃他娘，喝他娘！宁愿吃饱死，不愿半饱生，吃他个天昏地暗，吃他个一干一净，吃他个……”

对这种“宣言”，中国人是身体力行的。众所周知，我国在许多方面比世界上发达国家落后，比如科技发展、人均国民收入、国民教育水平，等等。然而，有一件事是令国人扬眉吐气的。这就是说起会吃爱吃，中国人绝对处于世界领先水平，足以傲视列强。什么法式大餐、俄式大菜、韩国烧烤、英国布丁、意大利通心粉，与中国菜比不过是小儿科。您看我们的席面：生猛海鲜、深山野兽，天上飞的，地上走的，水里游的，什么不可以上桌？烧熊掌、炖王八、蒸孔雀、鲜猴脑，那才叫水陆杂陈，气象万千！生为中国人，造化呀您哪！先贤有言，民以食为天。从古至今，国人在吃上是非常投入的。什么受委屈，也不能让嘴受委屈。“口福，口福”，有吃的就是福嘛。话剧《天下第一楼》中那个二掌柜卢孟实，真算是精明到家了。伙计告诉他张大帅要打吴大帅、李司令要打刘军长了，他坦然作答：“他打他的，碍不着咱们做饭庄子的。打仗他也得吃饭，而且是越打越吃。”信哉，斯言！回顾历史，天灾频仍，人祸相继，“神州陆沉，百年丘墟”，诸业凋零，只有饮食这一行业，一枝独秀，从未萧条过。在今天，这个行业仍要算是我国最大的“支柱产业”。常听人讲，有人做这个生意亏了，做那桩买卖赔了，谁听说过开饭馆不赚钱的吗？这些年，眼瞅着大街两旁大小饭馆如雨后春笋一个劲地往外冒，说明了什么？这叫供不应求，是市场这鬼精灵挥舞着“看不见的手”，在尽职尽责地进行着资源重新配置。

中国人爱吃，表明我们的消费偏好、消费结构与夷族不同；中国人会吃，说明我们会享受生活，本无可厚非。然而，据报纸报道，稍上点档次的饭馆，收入的70%以上是来自公家；我国每年公费吃喝用掉的钱有2000亿元！而我国“希望工程”搞了几年，国内外踊跃捐款，也不过募集了20亿元左右。这就不能不令人深长思之了。这些年，我国有许多事情该办而没有办，原因都是没有钱。教育经费不足，教师工资待遇低的问题不该解决吗？不行，没钱；有的企业产品好，有销路，想扩大生产，但是由于没有资金，只好作罢。那么，把公费吃喝的钱用来干这些正事不行吗？不行，因为在目前的体制下，吃喝就是

“正事”，是经济生活、社会生活正常运转所必需的润滑剂，是正常的“成本支出”。有些事只有在觥筹交错，面酣耳热，团结祥和的气氛下才可以办成。所谓“筷子一举，可以，可以”，“酒杯一端，能办，能办”。只是这样一来，中国经济运行的成本就提高了，我们的整体经济效益因为这一笔成本支出而大大降低了，与外国产品竞争时，我们的产品竞争力就会降低。由此看来，正如“文化大革命”中一篇“小评论”所指出的：“吃吃喝喝绝不是小事。”虽然未必“筷子头上有阶级斗争”，但一年筷子头上用掉了国家2000亿元，的确不是小事一桩。

街上流行皮短裙

改革开放这十几年来，虽然物价年年涨，但是经济发展速度更是前所未有，因此城里人的收入水平还是有了很大提高。1978年，城市居民人均纯收入只有300元多一点，到1993年则达到了3223元。值得注意的是，在收入水平提高的同时，城市人并没有学会消费。没有学会消费，也得消费，不然拿钱干什么？存到银行里，1年期存款虽然利率高达10%，无奈通货膨胀率更高，有的年份竟高达20%左右。一年下来，100元变成了90元。去买股票吧，目前的股市是既无秩序，又无规律可循。分散股民跟着别人瞎撞，被“大户”玩弄于股掌之上，“过一把瘾”以后，就没有勇气再过一把瘾了。于是中国人的消费就凸现了一个“从众”的特点。时髦的就是好的，好的就要去追随。

近年来，北京、上海等大城市大街上流行超短皮裙。这种皮裙穿在身上，屁股箍得紧紧的，大腿衬得长长的，尤其是走起路来，风摆杨柳，万种风情，具有十足的女性妖冶和露骨的挑逗性。唯其如此，在西方这种服饰就成了一种职业的特有的标识。至于是什么职业，我想看过几部外国电影的人都清楚。不知道出于什么奇怪的心理，大概是看到“大款”的“小秘”穿上超短皮裙特别有派，年轻的小姐们昏头昏脑，竞相弄一件去大街上招摇过市。由此就惹出了笑话。一个美国人第一次到中国来，看到上海的大街上那么多女郎穿着皮短裙，无比惊奇地问：这个城市怎么有这么大一个“红灯区”？陪同的人向他解释后，这位老外一个劲地耸肩摇头，嘟囔着：“中国人真是不可思议！”

不可思议的事多了去了。

身材修长或体态匀称者，细腰配上长腿，着一条牛仔裤，于漫不经心中透着一番潇洒。然而身材矮胖者也要去赶这个时髦，不但夸大了自己的缺点，也让行路人捏一把汗。

这两年，城市里时兴起山地车来。顾名思义，“山地车”是根据山地的环境设计与制造的，肯定不会适合在城市里推广。我骑过一次山地车，知道是什么滋味：这种车转向费力，骑车时还要弓腰蹶臀，再加上大街上交通拥挤，速度也快不了多少。其实远不如普通轻便自行车省力实用。那么，大街上众多骑山地车的男男女女，是什么感觉？“子非鱼，焉知鱼之乐”，当然只有他们自己最清楚。

诸如此类的事人人都可以发现，“此是君家身边事”嘛。这就令我不解了：为什么现在大家都只关心怎样才能挣钱，而不关心怎样消费才有效益，才有尊严？是消费不重要？把社会生活高度概括起来，只有生产与消费两个大的领域。不会花钱，也许会花钱买罪受，花钱换来耻笑。中国人是一个重文化、重仪表的民族，所谓“穿着细事且莫等闲看”。试想，即使中国真的富了起来，人均 GNP 达到了 1 万美元，如果我们的政府要员出访时，夫人却着一条皮短裙出席欢迎仪式，会使礼仪之邦的人民陷入多大的窘境？

怎样才能培养出高雅的消费趣味与消费文化？只有提高人民的文化水平与修养。这就要求我们的政府在重视 GNP、GDP 增长多少的同时，切实重视教育事业的发展，舍得在教育上花钱。另外，也劝大家少花点时间砌“长城”，少在电视机前陪港台歌星发嗲，多读点真正是人类智慧凝结成的好书。因此，尽管不合时宜，我还是要“处处逢人劝读书”。

（原载于《党风月报》1994 年第 12 期）

邻家女孩嫌钱脏

邻居家小女孩刚上一年级，一片天真。坐班车回家时，常常加入大人议论世事的行列。

有一次，大家议论说现在钱毛了，大街上扔着一枚两枚硬币，人们也懒得弯腰去捡。“我也不捡。”小女孩又杀了出来。有人问她为什么不捡？“地上的钱脏。”“要是地上有10块钱，你捡不捡？”“不捡。”“100块钱呢？”她不解地看着大人们：“100块钱就干净吗？”

我的一位同事曾向我讲述过一段往事，使我久久难忘。有一次，他在百货商场弹玻璃球玩，玻璃球滚到了柜台底下。当他趴到地下找球时，发现柜台下面居然有几枚钢镚。挨个柜台搜索一遍，小有收获。从此以后，每隔几天他就来一趟，装着找玻璃球，把所有柜台检查一遍。“我上小学几年的书本费、学杂费就是这样来的。没有这笔进项，真不知道是否能把书念下来。”当时，我发现他的眼睛是湿润的。

两代孩童对待钱的态度，对我们应该是有所启发的。

回想当年，我们小时候与现在的孩子比，可说是“见钱眼开”。六七十年代，一斤盐一毛五分钱。我的堂叔，一米八几的伟岸汉子，却不得不满脸通红，伸出蒲扇大的巴掌向人求借。一斤煤油七八毛钱，我们家却经常拿不出。母亲说尽好话，人家还是不赊给。回家的路上，母亲泪流满面。生活的艰难，使我们早早就知道了钱的重要。为了替父母分担一点生活的艰难，我们不得不向李铁梅学习，“穷人的孩子早当家”。春天扫榆钱，夏天采槐花，秋天路旁沟畔捡蓖麻子，冬天半夜起床，约上伙伴去坟场下套子捉黄鼠狼，得到几毛钱，就是一笔不小的财富，攥出汗来也舍不得花。如果有了几块钱，那感觉就像今天的百万富翁，会很慷慨地向父母赞助一部分。这时候，我们的唯一目的是维持生活，根本没资格奢谈什么“干净”和“肮脏”的问题。

《圣经》说，富人进天堂比骆驼钻过针眼还要难。在商品经济社会里，永远不缺的是货币拜物教的信徒。但是，可以肯定的是，只有当人们有了一定数量的钱，满足了基本的生存需要以后，才有可能摆脱金钱的奴役，潇洒地对待钱。古人云：仓廪足而知荣辱，信非谬也。

在商品货币的社会里，不承认这一点，或者是虚伪，或者是别有用心。不是吗？凡是谁敢于洒脱地说："钱是什么东西？钱是他妈的王八蛋！"不用问，他口袋里肯定是有一些"王八蛋"的。如果自己养得胖胖的，穿得暖暖的，口袋里钞票大大的，却对扶贫对象大谈什么"不要一切向钱看"，那就叫站着说话不腰疼。至于"四人帮"一伙，把国家金库当成自家钱袋，驷马高车衣轻裘，食不厌精，脍不厌细，极尽骄奢淫逸之能事，却大叫"宁要社会主义的草，不要资本主义的苗"，则不仅用心险恶，简直就是无耻！

所以，要使人们不在乎钱，前提是先让人们有钱；要使人们变得高尚起来，首先是使人们富裕起来。人只有在动物性需求得到满足以后，人性才能得以充分张扬。中外历史上，当孤城被围，积粮告罄，大旱大涝，颗粒不收时，常常发生易子而食的惨剧。当此之时，并非人不爱其骨肉至亲，盖因物质匮乏与生存需要使得兽性压倒了人性，人与动物已无高下之分。鲁迅先生生前曾说要编一本中外吃人史，其中有深意寓焉。

至于有的人一头钻进钱眼里，不惜违反党纪政纪，甚至以身试法索贿受贿，最终把自己弄进监狱里去，也不是钱的错，而是人的错。明乎此，我们一方面要反对以牺牲精神文明为代价，换得经济的一时发展，不能引导人们一切为了金钱；同时还要坚持以经济建设为中心，坚持改革开放，使中国经济发展上去，使中国百姓富裕起来。这样人们才有可能粪土千金，一诺为重，人人羞言“阿堵物”，“孔方兄”门下信徒才能少起来，赵公元帅座前香火才能不再如此兴旺。

（原载于《党风月报》1996 年第 8 期）

如何见得了马克思

当听到有的老同志或不太老的同志洒脱地说，“快去见马克思了”，我就忍不住要和他“商榷”：倘若人死后真的有魂灵，你真敢问心无愧地去见马克思吗？即使你有胆量去见马克思，那个大胡子德国老人会不会见你？会不会不客气地把你轰出来？

马克思那真是无愧于他的博士头衔。据说他懂得英、德、法、拉丁语等二十几种语言，晚年还学习了俄语；他创立了辩证唯物主义与历史唯物主义，从制度分析入手构筑了科学政治经济学的宏伟大厦，使社会主义从空想变成了科学；一部《资本论》，融哲学、经济学、逻辑学、伦理学于一体，是一部百科全书式的巨著，人类知识与智慧的里程碑；马克思还精通法律、历史、文学、人类学、数学……是少数几个因个人智慧改变了人类历史进程的伟大人物。正因如此，不仅全世界的无产者热爱他，即使是他的敌人，在仇恨他的同时，也深怀敬意。

再看我们周围的一些人，看见书就脑仁疼，革命几十年，马克思主义经典著作没有读完一本，对现代科学技术、经济建设和经济管理知识，是擀面杖吹火——一窍不通。对此，他们不以为耻，反以为荣，在会议上沾沾自喜地吹嘘："鄙人是大老粗，不也当了你们这些博士、硕士的领导吗？"这样的人，用种田的经验管理现代化的大工厂，用管理家庭的办法管理国家，一拍脑袋，几千万、几亿元的项目"就这么定了"。数不清的财富打了水漂，一句"交了学费"，就轻飘飘地了账。离了秘书写的稿子，大众面前一句话也讲不利落。照本宣科念稿子，秀才们加的括号注"念到这里停一停，下面可能有掌声"也照读出来，台下一片倒彩，还浑然不觉。这样的人去见马克思，会是什么情景？那位智慧老人会像赶苍蝇一样，把他们轰得远远的。

马克思起先是学法律的。他本可以子承父业，当个律师，锦衣玉食，度过一生。然而为了人类的解放，"我不下地狱，谁下地狱？"他放弃了人人欣羡的前程，穷毕生精力，研究人类社会尤其是资本主义的运动规律，一生穷困潦倒，靠恩格斯的接济，才不至于饿肚子。当欧洲的工人运动兴起时，马克思不辞辛劳，四处奔波，对革命进行具体指导，直到在安乐椅上永远睡着。正如鲁迅先生描述的“吃的是草，挤出来的是奶”，他是一个可敬的人。而我们的一些干部，只贪图个人享受，不关心人民疾苦，占着茅坑不拉屎，为官多年，山河依旧，车却越坐越豪华，吃穿用越来越讲究，房子越住越大。老百姓说他们“屁股下坐着一座楼，一顿饭吃掉一头牛”。他们不是把青春献给人民和党的事业，而是献给了酒桌，还把无聊当风趣：“当了 ×× 长，把胃交给党。”“三步四步全会，七两八两不醉。”对他们来说，“革命就是请客吃饭”，整个儿一个“醉八仙”。不要看他们尸位素餐，天天在肉山酒海中混日子，向党要起官来，却理直气壮，振振有词，什么“没有功劳也有苦劳，没有苦劳也有疲劳，没有疲劳还有牢骚”，脸皮比城墙还要厚。这样的人却大言不惭地说要“去见马克思”，岂不令人齿冷三日？去见马克思，你也配！

马克思本人从来也不认为他的话句句是真理，一句顶一万句。相反，他一再强调，他的学说并没有穷尽真理，而是为人们认识真理开辟了道路，马克思主义必须随着实践的发展而发展、完善。在这方面，列宁、毛泽东、邓小平等马克思主义者作出了突出的贡献，保证了马克思主义的科学指导性。我们的一些同志包括理论家，不是把马克思主义当做科学对待，而是把它当做神学对待。他们不去把握马克思主义的精髓，而只是生吞活剥，死记硬背马克思主义的词句和具体原理、原则，不是用马克思主义的立场、观点、方法，研究、解决现实问题，而是要现实服从书本，凡是马克思说过的话都必须照办，都不可更改。所以，当我们根据中国的实际情况，在中国实行改革开放政策，他们就以坚持马克思主义的名义，百般阻挠，大加挞伐。这样的人死后去见马克思时，必定也是满口“左”的陈词滥调，一脑袋教条主义。马克思只能重复海涅的名言，“播下的是龙种，收获的是跳蚤”，赶快逃跑，找一条干净的河水大洗耳朵。

“去见马克思”，这是一句分量很重的话，不能轻飘飘说完了事。要死后去见马克思，生前就要像个共产党人的样子，像孔繁森那样的共产党人一样，去工作、生活、学习。否则，见马克思，并不比富人进天堂容易。

（原载于《党风月报》1996 年第 1 期）

我身边一些人，除了睡觉吃饭，生活就是工作。我很敬佩，但做不到，也不想做到。

人非牛马，不是专为吃苦受累来到世上。除了有责任勤奋工作以养家糊口，还有权利很好地享受生活。画山绣水，海阔天高，正可游目骋怀；山珍海味，佳肴美酒，何不大快朵颐；丝竹歌舞，琴棋书画，足以怡情养性。造物所赐是如此丰厚，生活是如此多姿多彩，如果一概视而不见、置若罔闻，变成了一架工作机器，岂不辜负了天之厚德、地之美意？权力使人年轻，数钱产生快感，有的人可能工作就意味着快乐与幸福，但在没有实现共产主义之前，劳动的本质还是人的异化，工作还是谋生手段，不等于个人兴趣。这不是颓废，也不是什么落后言论，是马克思青年时期的重要观点，也是多数人的真实感受。当年读马雅可夫斯基的诗句，“工作着是快乐的”，曾经热血沸腾，今天重读，就感觉老马这人有点矫情。

正确认识个人在历史中的作用，有助于人们处理好工作与生活的关系。万世功名，百年人生，一个人能做的事情太有限了。只有特别杰出的人物，才能在历史上留下一点痕迹。一般人老老实实做好分内事，快快乐乐享受生活，就算是无愧于天地鬼神，对得起列祖列宗了。千万不要夸大个人的作用，狂妄到以为天下兴亡系于一己之力，生年不满百，常怀千岁忧，永远把发条上得满满的，那就是自作多情，可笑复可怜。

我以为，一些人除了工作，根本没有时间享受生活，大抵是因为没有金刚钻偏要去揽瓷器活，小马拉了大车，人家举重若轻，他举轻若重，人一之他十之，勤不足以补拙，不但自己身心疲累，还会误人误事。人还是应该有点自知之明，找一点力所能及的事情做。

中国历史上代有雄才，情况再复杂、形势再危急，也能指挥若定，游刃有余，甚至可以做到卧而治之，简直把工作诗意化。淝水之战前夕，苻坚率百万大军卷地而来，投鞭断流，而江左只有区区8万机动部队，东晋王朝和王谢家族命悬一线。“谢安东山三十春，傲然携妓出风尘。”这时皇帝发话了，能与天下同乐，必能与天下同忧，谢公该出山了。谢安领命后，定下了战略战术和兵力部署，派子侄辈前敌率兵厮杀，自己却稳坐首都静候佳音。捷报传来时，谢太傅正与人弈棋，看完掷于床上，弈棋如故。友人问，是前方来的消息吗？谢安淡淡地说，小儿辈遂已破贼。隐则彻底不问天下事，出则把握天下股掌中，古人那份从容不迫，气定神闲，真令人神往。谢安能做到羽扇纶巾，谈笑却敌，是因为隐居东山30年里，始终关注天下大势，胸中早有万里丘壑。换了庸才或者蠢材，不要说下棋饮酒，一天工作36小时也打不了胜仗。

还有一种人，过于自信而至于自恋，对谁也不信任，舍不得剖符授人，大事小事鸡毛事都不放手，只能白昼苦短，夜以继日。以诸葛之智，因不善于实行委托代理制，也被政务军务压得食量日减，日夜盗汗不止。司马懿听到这种情况后说，诸葛亮恐怕寿命不长了。由此看来，越俎代庖，事必躬亲，不智，也不祥。

把工作当做生活的全部，那是个人的事情，无可厚非。但如果也要求别人除了工作还是工作，不允许别人过正常的生活，那就不近情理了。有位同志自己天天在机关加班到夜里11点，大家都要陪着，因为10点钟他可能还要召集开会。星期天他来上班，别人休息他就不高兴，脸阴得一把能拧下水来。还有一位同志曾经说，一天睡觉超过4个小时，那简直是浪费生命！遇到这样的领导，最好是三十六计——走为上策，惹不起，还躲不起吗？

（2007年6月）

感恩他人 报恩社会

这几年随着年龄增长，不是思想境界有多少提升，而是逐渐想通了一些事情，火气和怨气越来越小了。比如有人说，你在某某单位工作了十几年，把一生最美好的时光都献给了这个单位。我就告诉他，这只是事情的一个方面。这么多年，这个单位还给我提供了这些年的衣食住行等物质条件，养活了我的妻子儿女。在这里我还增长了才干，积累了工作经验，由刚出校门时的“嘴上没毛、办事不牢”，历练得可以在工作中独当一面。

人看问题、想事情只从个人得失出发，总会觉得他人、单位和社会委屈了自己，容易自己跟自己过不去，产生莫名其妙的怨气，既无济于事，也伤身体。我看不妨换个看问题的角度。每一个有良知的人都应该多想想，一生中遇到的还是好人多，总的说我们得人恩惠如涌泉，给予他人一滴水，欠他人和社会一份海一样深的恩情。不是吗，成年之前不创造任何物质财富，蒙父母和社会养育。走上社会后，如果今天还算有点本事，还能干一点事情，那也离不开老师、同事、朋友多年的教导、关心和帮助。在社会分工越来越发达的情况下，我们这一生绝大部分生活必需品和服务是靠他人提供的。我以为，人应该深怀感恩之心，尽量多做好事，尽量多帮助他人，以回报社会，回报他人，少为个人患得患失而焦虑。圣贤先哲，英雄烈士，高山仰止，常人难至。但知恩图报，这点良知和仁义还是应该有的。

君子求诸己，是中国古代道德之士重要的思想方法。韩愈文起“八代之衰，道济天下之溺”，是中唐文坛领军人物。在地方做官也是政声卓著，一篇《祭鳄鱼文》，足见其忠于国事、爱惜民众之赤诚。然而“一封朝奏九重天，夕贬潮阳路八千”，一生政治上很不得志。即使如此，韩愈也没有怨气冲天，依然平静如水地告诫太学里那些青年才俊：业精于勤荒于嬉，行成于思毁于随。不患世人不已知，而患吾之业不立。我和那位太学生的观点不同，不认为韩文公讲的是言不由衷、冠冕堂皇的谎言。我也不同意一些学者的看法，说韩愈是借他人酒杯，浇自己胸中块垒。有海洋大的学问，就有云水般的襟怀，古来圣贤皆寂寞，常人是难以理解的。我以为，人的贬黜升迁，有偶然，也有必然。客观地看，在单位提升快、位置高的人，总有他的过人之处。反观自己，如果岁月蹉跎，一事无成，不要慨叹冯唐易老，李广难封，平心静气地检讨一下，一定是有明显的缺点和不足。有人抱怨自己时运不济，遇上的领导不喜欢用人才，专用奴才和胁肩谄笑的小人。我也不能苟同。我始终认为，即使是政治再糜烂的年代，即使是再糊涂的领导，也不会只用奴才，不用人才。因为只用奴才，做皇帝的江山就会易手，做官的就难以维持一个地方或单位的正常运转，官位就会保不住，必须既用奴才，也用一些人才。还是那句话，君子求诸己。如果还想做点事，又不愿做奴才，大路通天，各走一边，那就发奋努力，自强不息，争取成为不可或缺的人才。

（2007 年 7 月）

思想碎片

智者千虑，必有一失；愚者千虑，必有一得。读书思考、观察社会，心有所动，偶有所得。这里收录的是近年来随手记下的一些思想碎片，没有思想的内在逻辑，是按时间先后排序的。

一

老实人吃亏，老实人不会吃大亏，吃亏在于不老实。遗憾的是，大家还是愿意做所谓聪明人，不愿意做老实人。所以总有人栽跟头，栽大跟头。

二

我观察发现：不但好人愿意和好人做朋友，坏人也愿意和好人做朋友，而不愿意与坏人为伍。

三

对今天国人的道德状况我很失望。看看城市道路上的斑斑痰迹，大街上发生争吵、斗殴时围观的人群，随处可见的“中国式”过马路，主动救人者反被讹诈，我感觉有些同胞一点也不可爱。

四

西方假设人性恶，因而设计了严密的制度加以约束，违犯了制度受到相应的惩罚，显得比较公平公正；中国假设人性善，制度上弹性很大，主要靠自我道德约束，违反了制度和道德规范，对不同的人惩罚标准不一，就容易出现不公平、不公正。

五

“文化大革命”对我们这一代人是亲身经历，对我们的儿孙辈是历史。不经常讲讲这段历史，历史就极有可能重演，变成他们的亲身经历。

六

使有德的人处于高位，他的道德会更加完善；使无德的人处于高位，他会更加道德败坏。用有才的人，是成就他；用无才的人，是害了他，“没有金刚钻，揽来瓷器活”，沉重的负担迟早会压垮他。

七

贪官落马后，经常痛哭流涕，说是因为党性不强等等。说大了，说高了，按做人的标准衡量，他们都不够格。贪官落马后，说对不起组织、对不起党。不只如此，也对不起父母，对不起妻子儿女。古人说不孝有三，其一就是使父母蒙羞。

八

中国人迷信，缺乏真正的宗教和信仰。信道教的企求长生不老，信佛教是为了求子、求福、求财、求官，而宗教和信仰是寄托灵魂的。

九

有的人为了说明国有企业的成绩和贡献有多大，只强调利润率多高，交了多少税，承担了多少社会责任，不说占用了多少资源，融资成本比民营企业低多少，也不说得到了各级政府多少特殊照顾。

十

我发现，老家八竿子打不着的人来找你，都认为你应该把他当国宾来伺候。10件事办成9件，有1件没办好，他就会到处骂你。

十一

现在抓了很多腐败的干部，全国人民都拥护。我要问的问题是，当初为什么要提拔他们？提拔这些干部的人没有一点责任吗？

十二

我们经常宣传一些英雄人物，听起来都很优秀。为什么总是在他们死了以后才发现？他们活着时为什么得不到重用啊？

十三

曹操要干事，他用的大都是有缺点但有才干的人。刘邦也是这样，陈平盗嫂，道德上有污点，还让他当了丞相。如此说来，愿意不愿意、敢不敢用有缺点的人才，是衡量想不想干事的重要标准。

十四

人性的一个致命弱点是喜欢听好话，不愿意听坏话，因此表扬永远无往而不利。譬如对于女人，如果她确实漂亮，你就夸她漂亮；如果她实在不漂亮，你就夸她年轻；如果她既不年轻，也不漂亮，你也要夸她有气质；中年以上妇女，不要叫人家大姐，要称她为资深美女。

十五

代表未来发展希望的腾讯、淘宝、京东等互联网公司都是在境外上市的。它们在中国上不了市，因为我国公司上市的必要条件是必须连续3年盈利，而它们上市时有的还在亏损。资本市场的本质是看未来，不是看昨天。

十六

如何面对过去，足以预测一个国家的未来。德国人诚恳地反省“二战”中犯下的罪行，西德总理勃兰特在波兰向受害者下跪谢罪，受到了全世界的谅解和尊重。日本死也不承认对中国和亚洲国家人民犯下的罪行，在亚洲以至世界上都不招人喜欢，因此注定只能是一个二流国家。

十七

愿意不愿意真诚地向别人学习，就看学习时是否老强调自己的特殊情况。近代日本向西方学习是真想学，政治、经济、技术全盘照搬，照单全收，明治维新后迅速崛起。清朝帝国向西方学习放不下架子，始终强调中国特殊，半心半意地学，迅速被日本甩在后面。甲午战争，一战见了输赢。

十八

中国国有企业为什么掌握的关键核心技术不多，创新能力不强？因为有关部门考核企业主要看营业收入和利润增长情况，而科技创新投入短期见不到效益，还有可能投入以后打了水漂，就会影响企业领导人任期内的政绩和薪酬水平，也影响职工的收入提高。不改变这种制度安排和不合理做法，讲什么国有企业的发展要靠创新驱动，都是空话。

十九

幸福感来自于比较，而且主要来自于与周围的人、与自己社会地位相当的人比较。农民工不会与国有企业职工比，与自己的工友比，工资多一点，就很满足；处长不会与部长比，能比其他处长提前进入局级序列，就会很满足，如此等等。

二十

鲁迅先生说过，人各有其烦恼，有的人胖得发愁，有的人瘦得可怜。诚哉斯言。比如，科长当不上处长很苦恼，局长当不上省长、部长同样苦恼；普通劳动者没有达到年收入 10 万元不高兴，老板没有赚到 1000 万元一样郁闷。同样地，人各有其快乐。今天蹬三轮多赚了 20 块钱，三轮车夫会特别快活，买二两猪头肉、一瓶二锅头犒赏犒赏自己，这一天就特幸福，这与官升一级带来的快乐没有什么区别。

二十一

分清官帽与个人之间的区别很重要，不然就会上演闹剧。过去在位时因为一纸任命，大权在握，呼风唤雨，自然门庭若市，前呼后拥。从领导岗位上退下来，没有了那一张纸，变成了一个普通老人，还期望人们围着自己转，给予自己特殊照顾，是自寻烦恼，甚至自取其辱。要知道人们崇拜的是你手中的权力，不一定是尊敬你本人。有的人就是看不透这一点。一位局长退下来后，质问办公室的干部："我上班时分的苹果个头都一样大，今年的为什么有大有小？"经办人员说："苹果本来就有大有小，过去您当局长时，我们是一个一个给您挑出来的，现在谁还给您一个一个去挑？"

二十二

人一辈子只会工作，只会发指示，没有任何爱好，是很可悲的。据说一位领导干部退休后，没有文件让他批示了，经常莫名其妙地发火。老伴猜到了其中原因，每天把家里一天三顿食谱拉出来，写上"请某某某同志批示"给他。于是，他每天都郑重其事地在食谱上写下"同意，请某某某同志办理"，签上名字，脾气好多了。不知道这是喜剧、悲剧，还是闹剧。但愿这只是坊间闲谈，子虚乌有。

二十三

前几年中国电影《赵氏孤儿》，把程婴描写成一个自私、颟顸的人，救孤也是因为个人利益的考虑。《史记》

中那个舍亲生、救孤儿，并耗尽心血把他养育成人的大义之人不见了。这样处理，似乎更符合有些人理解的人性，更像现在现实生活中发生的事。问题是，这是今天的中国人，不是古代的中国人。今天的中国人不仅做不出古代人的义举，而且不相信古人也能做得出。这是典型的以小人之心度君子之腹，今天有的艺术家在精神世界和道德境界上已经严重堕落了，与古代中国人完全不在一个层次上。事实上，一直到明代，中国士人还是讲气节的，宁愿被皇帝打屁股甚至被杀头，对皇帝的荒淫无道也要进行谏诤。像方孝孺，从封建道统出发，就是不承认朱棣当皇帝合法，并挺着脖子说，你顶多灭我九族，还能灭我十族吗？结果还真被灭了十族，连他的学生也受了牵连。只是到了清代以后，这种士大夫遗风在中国才基本失传。

二十四

人在某个领域里不平凡只是偶然，平凡才是必然。但中国人教育孩子时，喜欢引用拿破仑的名言说事，“不想当元帅的士兵就不是好士兵”，总是鼓励孩子做大事，建立大事功，成为大人物。兢兢业业做点实实在在的事情，比如说当个能工巧匠，被看成胸无大志，没有出息。因此，我们不少孩子被教育成了志大才疏的人。一些孩子没有天赋成为科学家、教授、作家等，但都不愿意去学技术和技能，而一定要去上本科、考研究生，结果大事做不来，小事又不做，一生一事无成，并且生活拮据。

二十五

一些官员昨天还在会议上大讲反腐倡廉的重要意义，转天就被“双规”了。不知道他们讲话时是否亏心。

二十六

我读鲁迅的书，不禁“替古人担忧”：要是鲁迅活到解放后，能躲过一系列政治运动吗？不过，也有可能他早就学乖了，就像一些著名作家一样。

二十七

在陕西榆林出差，我看到一座破旧的楼房上刷了一幅标语：“日出照亮大地，读书照亮灵魂”，油然而生敬意。再看看其他地方触目可见的标语：“要致富，少生孩子多养猪”等，不禁感慨，同样是人，差距咋就这么大呢！

二十八

我始终认为，说贫穷更能使人成才，是瞪着眼睛说瞎话，而且是混账话。在中国，城市里考上大学的孩子比农村比例高多了。与发达国家相比，中国科学家、工程师、教授、医生、律师比例低多了。我以为，家境好、事业有成的这样说，是站着说话不腰疼；家境贫寒的成功人士这样说，是昧着良心说话，也是借出身贫寒进一步抬高自己的身价。人才成长，需要一定的物质条件。要让更多的人成为人才，就要创造更好的物质条件，就要聚精会神地促进经济文化发展。

二十九

在中国，如果有人出了点成就，奖励办法是给他个官做。奥运冠军去当体委主任，著名科学家让他当部长、大学校长等。这个办法不科学。好运动员不一定能当个好教练，好的专家学者不一定能当个好官、能干事的官，因为行当不同，需要的素质不同。英国的办法比较科学。那些对社会作出突出贡献的杰出人士，他们给他封个爵士，只给荣誉，不给官当。前苏联也有类似情况，比如授予杰出演员和艺术家人民演员、功勋演员等称号。我国应该尽快研究实行国家荣誉制度。

三十

我国为什么有世界范围影响的科技成果不多，出不了大师级人物？其中一个重要原因是：当一个人还年轻、最有创造力时，既不给他荣誉、地位和待遇，也不给他创造良好的工作条件。等人已经老了，院士也当上了，手里掌握的科研资源也多起来了，但早就没有创造力了。

三十一

据我观察，一项政策如果70%以上的人拥护，只有少数人反对，有可能这项政策是好的，反对的人糊涂。如果一项政策70%以上的人反对，只有少数人赞成，多半是因为这项政策本身就行不通。决策者可以参考一下我的意见。

三十二

一些官员办了一些好事，有了一点成绩，与老板的收入比心理不平衡，于是买官卖官、索贿受贿，东窗事发后还想不通。我认为，他们没有搞清楚做官这个职业的本质特点：从国家发生学意义上观察，当官本来就不是一个可以发财的行业。如果贪污受贿被抓，不存在功过相抵问题。比如，刘志军对中国高铁发展是作出了贡献的，照样判重刑。

三十三

有的人把工作当成全部生活，要么是能力不行，小马拉大车，举轻若重，勤不足以补拙，所以整天疲于奔命；要么是家庭生活不幸福，不愿意回那个家。自己把工作当成全部生活已经有点不正常了，如果要求下属也和他一样，就有点变态了。

三十四

我们一直宣传西方人如何自私，这其实是误解。人家不是自私，是自利，在不损害别人利益、不影响别人自由的前提下，可以追求个人最大利益，可以按个人意愿做事。现在一些中国人才是自私，完全以自己为中心，只有自己最重要，别人都不重要，不顾及别人的利益和自由，把个人空间无限扩大。比如，在公共场合大声喧哗、随地吐痰、不排队，等等。一字之差，天壤之别。

三十五

中国人的社会是熟人社会，对亲人、朋友肯帮忙，讲诚信，对陌生人很冷漠、不守信用。这样的文化与市场经济发展的要求背道而驰。因为市场是天生的平等派，要求对所有交易方都平等对待，都讲诚信。所以，中国真正建成规范的市场经济社会，还面临着文化再造的任务，还有很长的路要走。

三十六

有些职业，人越老越有价值。去医院看病，都愿意找年龄大的大夫；去书画店，都愿意花大价钱买老艺术家的作品。有些职业，人老了价值就要打折扣。比如，职业政治家，年富力强，精力旺盛时可以胜任，人老了就容易做糊涂事，还占着位子不下来，就不堪重负，就会误事误人，害人害己。历史证明，老人治国是一件很可怕的事情。邓小平同志第三次出来工作后，废除了干部终身制，是一件功德无量的事情。对社会是好事，对干部也是好事。

三十七

大哲学家罗素出了一个题目：How to grow old？可以直译为“人如何变老才好”。他就这个题目写了一篇文章，主要讨论老人应该如何对人对己，挺经典的。我以为，人年龄大了，火过了，红过了，该做的事情做过了，就应该专心做个老人，自觉地从社会的聚光灯下淡出，不要再千方百计引人注目，害怕社会忘了自己。不然，就像要饭的向人乞食，有点可怜。比如，现在有些老人已经江郎才尽了，写不出像样的东西来了，就写家里的猫呀狗呀，花呀草呀拿去发表，真以为人们特别爱他们，也像他们那样闲得发慌，连他们家的猫狗都爱得不得了。

三十八

有的人喜欢断章取义。比如，他们经常引用名言让孩子立志，“成功等于 99％的汗水加 1％的天赋。”不过据我所知，他们省略了后半句：“而 1％的天赋比 99％的汗水更重要。”这样的教育使孩子们相信，只要努力，就没有不能创造的人间奇迹。结果，有的人一辈子都在拼命、在努力，而成功永远在梦中，永远活得不快活。

三十九

何怀宏说，我们的社会中流行着一种伪善之风，我也有同感。比如，媒体在宣传一些模范英雄人物时，喜欢描写他们工作多么忘我，多么不顾家庭。有的报道中总有这样的情节：英雄模范人物在亲人病重时，仍然坚持在工作岗位，到了也没能与家人见上一面。我读到这些文字时，没有被感动，反而感觉这些人有点不近人情。在和平年代，有多少事情这样紧急，父母快要咽气了，都不能回去看一看？有多少人有那样重要，离开工作岗位几天，地球就不转了？我怀疑这些情节大都是杜撰的，如果真有人在生活中做出这样的事情，我看也不值得尊敬和大书特书：他要么冷血，要么是野心家。

四十

恩格斯说，一个健忘的民族是不值得尊重的。我感觉国人就比较容易健忘。“文化大革命”过去不过30多年，人们对“文革”的破坏性、危害性似乎已经淡忘了。曾几何时，有的人在重庆大张旗鼓地“唱红歌”、“读红书”、“讲红故事”，用搞运动的方式进行“打黑”，大树特树个人绝对权威，带有明显的“文革”色彩，却没有遭到制止，有的人还专程跑到重庆表示支持。这说明，一旦有了合适的气候和土壤，在中国再次发生“文化大革命”，一点都不意外。

四十一

进入文明社会几千年，人类只是掌握的知识总量越来越大，并没有比古人变得更智慧，并没有学会吸取历史教训。罗马帝国为什么覆灭，看看美国今天的做法，就有了答案。美国称霸世界，穷兵黩武，发动一场又一场战争，对其他国家实施占领，树立一个又一个敌人，结果会是怎么样？让我们重温当年毛泽东说过的话（大意如此）：美帝国主义每侵略占领一个国家，就在自己的脖子上多套上了一条绞索。套的绞索越多，它就越接近灭亡。

四十二

以论文数量论英雄，不仅毁了中国的学术研究，而且也毁了中国的教育。一个学者在创造力旺盛时期，一年能写出一两篇有价值的文章就不错了，一生有几篇经典就很难得了，不能有数量的硬性规定。爱因斯坦在瑞士专利局工作，工作压力不大，凭个人兴趣业余搞研究，搞出了相对论。如果他在今天的大学当教授，要求他每年必须发表一定数量的文章，相信他什么也弄不出来。现在我国有的学者一年发表十几篇甚至更多文章，我相信大部分是垃圾。国外情况也是如此。张五常说，1969年以后，他基本不读他人的文章。问题在于，专家教授迫于压力，把大部分时间用来写论文和专著，主要精力不用来认真教书，既不会有什么真正的发明创造，也把学生耽误了。

四十三

科学哲学认为，科学研究必须遵循一定的原则，起码要研究真问题，不要研究假问题。而可以验证的就是真问题，不可以验证的就是假问题。比如，在经济学研究中，价格上升，销售量就会减少；价格下降，销售量就会增多。价格与销售量之间的关系可以得到验证，就是真问题。以心理因素为基础的所谓边际效益递增或递减，是不可以验证的，就是假问题，就不属于科学范畴。

四十四

社会道德建设是分层次的。有较高的道德要求，这是针对社会精英的；有基本的道德要求，这是针对普通人的。我们现在对社会各阶层都提出很高的道德要求，要求所有人都成为圣人，结果精英阶层没有做到，普通人更做不到。同时，又忽视了基本的道德教育和道德养成，结果大众普遍缺乏基本的道德修养。比如，一般老百姓连不能随地吐痰、公共场合要排队、不能大声喧哗都不能做到。这种道德建设是失败的。

四十五

事不合常理则为妖。一个人突然对你特别友好，一定是有求于你。上司突然对你特别温和，估计这次升职你没有多少希望了。丈夫突然在家里变得勤快起来，可能在外边摊上大事了。如此等等。

四十六

看一个人值不值得交朋友，有一个办法，就是看他周围的朋友都是什么人。物以类聚，人以群分，大致错不了。

四十七

人即使工作压力再大、再紧张，也要努力保持内心的松弛。老百姓说，车到山前必有路，船到桥下自然直——时间会帮助我们解决一切问题。遇到了一个难题，总会有不止一种解决方案。能解决的问题肯定能解决，不能解决的问题，再着急也没有用。我很欣赏东北人的洒脱：蚊子来例假——多大个事呀！

四十八

恩格斯说，如果能被个别事实证明的就是真理，那么世界上将有无数真理。在自然科学领域，任何条件相同的重复试验都能得到同样的结果，才被认为是科学定理或科学结论；在社会科学领域，被最大量、最普遍的事实或现象证实的才是科学的结论。但在生活中，人们经常举出一个有力的例子，占有了部分事实，就自以为真理在握。

四十九

马克思主义哲学一直教导我们，物质决定精神，经济基础决定上层建筑。生活中当然可以举出很多现象证明这个结论，但中国和外国的一些历史现象使我产生了疑问：为什么中国历史上发生了多次农民起义，推翻了一个封建政权，只不过建立了另一个封建政权，而没有制度的根本改变。西方国家产生了资本主义经济萌芽，以后生长出资本主义制度；中国明代就有了资本主义经济萌芽，以后还是封建制度。即使在东方国家建立起了资本主义经济制度，与西方也有很大差别，政府在经济生活中发挥的作用大得多。我以为主要是文化传统的影响。你说是经济决定文化，还是文化决定经济？看起来，世界上的事情都没有那样简单，任何理论概括都不能解释现实世界中所有现象。

五十

毛泽东有句名言：“没有调查就没有发言权。”依我看，如果调查研究方法不正确、不科学，经过调查也不一定有发言权，不一定能发现真实的情况，得出正确的结论。如果在调查研究之前先有了观点和结论，调查研究不过是给现成的结论寻找事实根据，这样的调查研究就可能得出错误的结论。调查研究不能先入为主，不能带有成见，只能在深入调查后形成观点，得出结论。同时，调研中尤其要重视与自己不同的观点和意见，不能驳倒对立面的意见，不能真正说服自己，就不能匆匆下结论。

五十一

读书不能轻信前人、轻信权威，要下一番慎思明辨的功夫。我读书时发现，一些被学术界视为经典的结论和事例，实际上是以讹传讹。如经济学讲市场失灵时，经常列举蜜蜂的寓言和灯塔的故事。但是，经张五常教授研究，历史上灯塔曾经为私人建造和经营；养蜂人和苹果园主签订有付费协议。再比如，中国学者经常引用马克思的话“人们奋斗争取的一切都与物质利益有关”，说明物质的第一性，精神的第二性，而事实上这恰恰是马克思批评的机械唯物主义的观点。这些都告诉我们，“尽信书不如无书”。

五十二

经济学是实证科学，注重用事实和材料说话。但是，这并不表明经济学家的话都是可信的。因为，经济学家所采用的事实和数字，有时是精心选择过的，舍弃了不利于他的观点的事实和数字。经济学家告诉读者的事实和数字，是他愿意告诉读者的事实和数字，而不是全部。

五十三

改革开放以来我国经济建设取得的成绩的确值得自豪，但也不能过高估计，沾沾自喜，把尾巴翘到天上去。我国经济总量已经不小，排在世界第二的位置，但经济发展质量水平并不高，在国际分工体系中处于价值链的低端，大钱都让人家赚去了。有人说，现在制造业的利润，硅谷的科技创新企业拿走了35%，华尔街的投资银行拿走了35%，德国的设备制造商拿走了25%，留给中国企业的只有5%。举一个典型的例子：前几年，我国出口7亿件衬衫获得的利润，只能购买一架波音飞机。

五十四

真正强大的是有组织的力量，而不是单纯的数量大小。一堆废物经过化学反应按一定秩序重新排列组合，形成新的分子结构，就变成了有用之物。人类社会合理地组织起来，就变成改造自然的强大力量，就会变成强大的社会力量和军事力量，而数量巨大的乌合之众是没有多少能量的。

五十五

日本人确实有值得我们学习的地方。比如，在企业和政府机关，日本人自己想进步，办法是千方百计把上司推到更高的位置，从而为自己腾出位置；而中国人是想方设法把上司掀翻，告状、打小报告、栽赃诬陷、设置陷阱，如此等等，无所不用其极。

五十六

现在在国际市场竞争中，国家鼓励企业“走出去”。中国的企业在国际市场上竞相压价，自相残杀，相互挖墙脚，弄得两败俱伤，谁都没有钱赚。日本人不这样。如果有日本企业先进入了哪个国家或地区，另外一些企业就不再去这个地方；如果一个工程已经有日本企业竞标，其他日本企业就不再投标。

五十七

中国人喜欢说商场如战场。其实竞争关系不一定就是你死我活的关系，正常的市场竞争应该有竞争，也有合作，最好给别人留一条活路，不要赶尽杀绝。在西班牙，中国店铺被当地人捣毁和放火烧毁，当然要被谴责，但中国人也做得太绝。人家周末不营业，中国商人一周7天都营业；人家下午6点关门，中国人昼夜开门。这样的经营方式，与西方习惯和文化反差太大，他们学不了，不这样干只有死路一条，难怪人家走极端，一把火烧了中国店铺了事。

五十八

不说中国人比西方人聪明，起码不比他们笨。那为什么近代以来中国在经济文化方面被人家远远地甩在后面？原因很多。我以为，一个重要的原因是，中国文化导致国人用更多心思琢磨人，西方文化导致他们用更多心思琢磨事。中国人再聪明，整天琢磨防人整人，也不会增加一元钱社会财富，使社会前进半步；西方人即使不聪明，整天琢磨干事，愚者千虑，必有一得，总会有所发明，有所创造，推动社会经济、科技、文化向前发展。说到底，中国人有的不过是小聪明，人家有的才是大智慧。

五十九

人不能总是想着社会对自己如何不公，别人如何对不起自己。实际上，在一个高度分工的社会里，我们生存、发展所需要的物质资料、文化产品、各种服务是靠别人提供的，离开别人的劳动我们好好地活一天都很困难，我们应该常怀感恩之心，少一点抱怨和不平。具体说，父母把我们养育成人，花费了多少心血，有什么可抱怨的吗？老师教给我们知识，还教育我们如何做人，亏欠我们什么吗？在单位工作，是付出了辛苦，但是单位也给你提供了衣食住行等各种生活条件，使你增长了才干，成为一个有用的人。如果得不到重用，有别人的原因，也有自己的原因，恐怕主要还是自己的问题。不说大道理，要在一个单位干点成绩，领导也需要用有点本事的人，不能全用庸才、蠢材，就看你是庸才，还是人才。

六十

中国文化里，推己及人，换位思考，“己所不欲，勿施于人”，是中国宝贵的思想遗产，是中国智慧的结晶，闪耀着人性的万丈光芒。用这个原则无论处理国家之间关系、民族之间关系，还是人与人之间的关系，结果都会利己利人，皆大欢喜，世界就会变成一个更加美好的世界，就会实现世界和平，带来人与人之间的和谐友爱。比如，以色列和巴勒斯坦，其中历史和现实、民族和政治、宗教和文化，种种关系太复杂，矛盾太尖锐，用现在的思维来考虑，的确说不清、道不明，一时难有好的办法妥善处理。但是，如果双方都用推己及人的精神去考虑和处理问题，理解对方的精神创伤和历史创伤，理解对方的处境和诉求，相信都会冷静得多。不然恩恩怨怨、以暴易暴何时了，中东地区永无宁日，谁也没有好日子过。

六十一

时势造英雄，一个国家的崛起和称霸世界也是这样。历史上那些盛极一时的大帝国能够形成，都有特定的历史条件。希腊、罗马衰亡后已经一两千年过去了，也没有看见有重新崛起的迹象，昔日的“日不落帝国”也看不出重新称霸世界、替代今天美国地位的可能性。至于葡萄牙、西班牙、荷兰等小国，更不可能重现昔日辉煌。这就像航天器发射有一个“天窗期”，过了这个村就没有这个店了。发现了“天窗期”，就要抓住机遇，根本没有“天窗期”，就不要做“飞天”的美梦。世界格局的变化，使我国面临着重新崛起的大好时机，应当抓住机遇，制定和实施正确的国家发展方略，千万不能瞎折腾，错过发展机遇。这是对决策者智慧的考验。

六十二

人们常说，党政机关领导，一级有一级的水平。因为水平取决于眼界，眼界取决于位置。用信息论来解释，就是看谁处于有利的位置，掌握的信息量更大、更关键、更有用。譬如，人在山脚下，没有半山腰的人看得远，半山腰的人没有山顶上的人看得远。学习可以弥补位置的限制。“秀才不出门，遍知天下事。”在信息网络化的今天，由于位置不同而造成的信息垄断被打破了，想不想站得更高，取决于自己。

六十三

英格兰球星莱因克尔获得过巨大荣誉，比如世界杯最佳射手，英格兰足球先生等。在足球界，名声可以与莱因克尔相提并论的大有人在，有的比他的光芒更灿烂。但是，在他漫长的足球生涯中，没有得过一张黄牌，我还没有听说过有第二人。他在球场上司职前锋，静如处子，动如脱兔，总能在致命的时间和位置出现，一剑封喉，是典型的球场杀手，因此也成为对手重点“照顾”的对象，受到的侵犯最多。莱因克尔踢球时始终优雅从容，面带笑容，被恶意侵犯时一笑了之，遇到裁判错判误判也不去计较，被誉为“足球绅士”，国际足联曾给他颁发过体育道德奖。我喜欢上足球，很大程度上是因为当年看了莱因克尔踢球，被他的天才表现折服，也被他的优雅风度深深吸引。人受到不公平待遇和恶意侵犯始终能一笑置之，看起来容易，做起来很难，需要虚怀若谷的胸怀和强大的自我克制力。这样的人，做什么都能成大事。正如苏轼在《留侯论》中所说，自古成大事者，必有非常之志，也有非常之器量。匹夫见欺，拔剑而起，他们则是卒然临之而不惊，无故加之而不怒。

六十四

我尊敬的一位领导经常说，古人早就告诉我们应该如何当官，就是多干两件事：兴办教育、架桥铺路。韩愈在潮州现在还受供奉，因为他在当地兴学。白居易、苏东坡在杭州修了白堤、苏堤，至今还传为佳话。当一个好官也许不是这样简单，但是由于他关心的是如何做事，而不是如何升官，就赢得了我的敬重。

六十五

经济，经济，经世济民，经济学就应该研究如何让大众过上更好的日子。要使大多数人过上更好的日子，就要发展经济，让有能耐的人把本事使出来，就要允许一部分人先富起来，靠拉平收入不能使大家的日子都过得更好一些。但是，发展的目的绝不是只让少数人富起来，过上更好的日子，而大多数人依然过贫穷的日子。不满于中国经济学研究只为富人更富出谋划策，或者为富人利益百般辩护，把普通劳动者利益放在脑后，我写了《富人经济学批判》。也许我还应该再写一本《穷人经济学导论》。

六十六

近来媒体报道，中国对外投资已经超过利用外资数量，成了对外净投资国。不能简单地把这一现象作为中国经济强大的标志而沾沾自喜，还要作具体分析。第一，出现这种情况可能因为美国量化宽松货币政策退出，国际货币市场资金供应紧张起来，一部分外资从中国等发展中国家倒流回发达国家；第二，我国对外投资数量确实增加了。对外投资增加较快，除了企业“走出去”寻求发展的正常投资，也有可能是国内投资机会减少导致的，还有可能是更多的新移民带着大量资本走了。如果是后两部分对外投资占较大比例，中国经济就出了大事了。

六十七

我是一个京剧爱好者，尤其喜欢老生，因此对京剧有一点粗浅的了解。现在大家张口闭口京剧是我们的国粹，其实糟粕不少，并不代表我国传统文化的精华。单就京剧的剧情和唱词而言，即使是那些代表性剧目问题也很多。比如，《武家坡》中王宝钏极力炫耀相府的权势和多金，与她当年抛绣球打中叫花郎、与父亲三击掌断绝关系，坚决嫁给薛仁贵的剧情完全不协调；《击鼓骂曹》中的祢衡，本来是一个蔑视权贵的名士，要羞辱曹操和满堂公卿，却要他面对衙役的蔑视说出，小子哎，别看你大爷现在衣衫褴褛，说不定哪一天就发达了，就脱下蓝衫换锦袍了，这与人物性格和剧情要求根本不相称。总之，我感觉现在留下的京剧剧目，大都还处在当年江湖艺人的思想水平和艺术趣味，真的登不了大雅之堂。京剧要真正达到国粹的水准，需要大文化人介入，像田汉等人编剧的《白蛇传》、《谢瑶环》等就有更高的思想性和艺术水准。

六十八

国家扶贫，买了一批品种优良的绵羊送给西部贫困农民。几年过去了，有关部门评估扶贫效果，结果发现：有的农民已经成为当地的养殖大户，年收入达到几十万元，有的农民当年就把羊吃掉了。在有的人手里，资源可以变成更多财富，在有的人手里就白白糟蹋了。一个社会要发展，还是应该把更多的资源向具有企业家才能的人手中集中。

六十九

近代湖南集中出了一批大学问家和大政治家。有人说，这主要是因为平定太平天国以后，曾氏兄弟和湖南的将军们运回了数量巨大的金银财宝，其中相当部分用来兴办教育。这笔财富来路确实不光彩，但却办了好事。历史就是这样不可测。

七十

中国历史上，多次发生过北方游牧民族打败中原文明民族的事情。宋代是中国历史上最尊重文人的朝代，经济也很发达，然而疆域最小，今天的山东德州就是它的边疆，还要向北方少数民族政权俯首称臣。在欧洲历史上，北欧海盗的后裔也曾经打败了文明的南方人。然而，近代的历史却是先进的文明战胜落后文明的历史：盎格鲁-撒克逊人几乎灭绝了北美的印第安人，八国联军轻而易举地摧垮了僧格林沁王爷的骑兵。要理解和解释历史，并不是一件容易的事情。

七十一

“秀才造反，三年不成。”看来，中国很有点蔑视文化人的传统。要我说，没有秀才参加，造反坚持不了三年。智慧的力量永远超过肌肉的力量。李自成的队伍中来了李岩，才成了大气候；杀了李岩，起义军就走上了下坡路直至覆亡。中国新民主主义革命的主心骨，是李大钊、陈独秀、毛泽东、周恩来、朱德等一批背叛了自己阶级和家庭的知识分子。向忠发当党的总书记，中国革命的火焰几乎被扑灭，他自己也沦为了叛徒。

七十二

世界上真正强大的是思想，一切历史归根结底不过是思想的历史，不产生思想的国家的确成不了大气候。值得庆幸的是，我们现在除了向世界提供价廉物美的制成品，也开始生产和出口思想了。比如，我们提出本着“己所不欲，勿施于人”的理念建设和谐世界的思想，我们向世人宣布中国要走和平发展的道路，等等。我热切期望中国能生产和出口更多伟大的思想。

七十三

与江浙人、上海人等南方人打交道，也许他们会斤斤计较，谈判过程很艰苦。但是，一旦达成协议，他们一定会履行合同和承诺，你尽可以放心。而北方一些地方的人，两杯酒下肚，他会拍着胸脯说，多大个事呀，包在兄弟身上。事后他会忘得干干净净，或者根本不承认有这回事，事情会变得没有结果。我更愿意与南方人打交道，如果有大事更愿意托付给他们。

七十四

“中国不仅是工业制成品的出口大国，也是富豪的出口大国”，国外媒体如是说。“邓小平说要让一部分人先富起来，但是先富起来的都移民了”，国内网民如是说。近年来中国富人移民数量激增的原因是什么？我与一部分已经移民的企业人士讨论过这个问题，他们说移民的主要原因有三个：一是现在国内投资机会少了，与政府打交道困难，搞企业越来越难，越来越累；二是怕政策变化，政治上没有安全感；三是国内生态环境恶化，生活上没有安全感。企业家人才外流和资本外流对一国经济发展的影响是致命的，应当引起决策者的高度重视，我国到了要采取点措施的时候了。

七十五

印度电影《流浪者》中，那个法官说，“法官的儿子还是法官，贼的儿子只能是贼”。这当然是部分富人对穷人的偏见和鄙视，但不幸也是事实。英国某机构开展了一项研究，把来自不同家庭境况的孩子分成三组，从 8 岁开始追踪研究，每 8 年分析一下他们职业和社会地位的变化。结果发现，成年以后，少数中等境况家庭的孩子进入了上一个层次，家庭境况最差的孩子很少有进入更高一个层次的，家庭境况最好的孩子基本上处于社会最上层。这种社会地位固化的情况也开始在我国出现了。现在农民和低收入家庭的孩子上好的中小学、考上大学的机会越来越少，并且考上大学也不一定上得起，毕业了也不一定能找到好的工作。一个社会阶层固化的社会，处于社会底层的人容易产生反社会倾向，社会矛盾很容易激化，是一个不稳定的社会。

七十六

在一个“拼爹”的社会，就会有很多“坑爹”的儿子。靠家庭福荫轻而易举就能进入名牌大学读书，进大机关、国有企业工作，或者通过经商赚到大钱，如果他们的爹再不加强管教和教育，他们不会珍惜难得的工作机会和现在的生活，轻则游手好闲、不思进取、一事无成，重则喝酒打架、吸毒嫖娼、赌博走私，五毒俱全，走上犯罪的道路。某位已被“双规”的大官的孩子车祸致死，某歌星的儿子参加轮奸，某小官的儿子叫嚣“我爹是李刚”，这样的例子太多了。“养不教，父之过”，首先是爹没有尽到教育责任，爹先坑了儿子，儿子反过来坑爹的。

七十七

移民国外的朋友告诉我，国外是“好山好水好寂寞”，国内是“好脏好乱好快活”。人离开了熟悉的文化环境和社会关系，就像水上浮萍，没有了根，事非不得已，很难下移民的决心。没有人不爱自己的父母之邦，移民不是一件轻松的选择，是有很大代价的。所以，不要一味责备移民的中国人不爱国，国家应该考虑做点什么把人留住。

七十八

中国古语有云，“君子之泽，五世而斩”，“富不过三代”。看起来权力、财富再加上道德教化对子孙的福荫，要比单纯的财富更能持久一点。诚如古人所说，子孙有德，多留财产无用；子孙不肖，多留财产无益——很快就会败坏殆尽，是守不住的。中国人有了点财产和积蓄，就送孩子念更多的书，上更好的学校，这是很智慧的。

七十九

一个人赚几百万、几千万，是为自己挣钱。赚钱上了亿，就是给别人赚的，与个人享受和家庭生活水平提高没有多少关系。到了这个档次的企业家，事业做的越大、挣钱越多，无非交税越多，提供的就业机会越多，都是为社会作贡献。与个人有关的只是自我成就感增强，个人价值得到更大实现，是精神层面的东西。明白了这个道理，社会上的仇富情绪是没有道理的，国家和社会要更加善待企业家，爱护企业家，支持企业家。

八十

我随领导同志参加过多次人大代表分组会议，听代表审议总理的《政府工作报告》。我发现一些代表的定位大有问题，他们发言时很少对政府工作提出质询，对《政府工作报告》提出修改意见，而是大谈学习总理报告后的心得体会，表示报告通过后要认真贯彻落实云云。人大代表的职责是监督政府的，怎么变成了学习和贯彻落实？这说明我国的法制建设道路还很长，人大代表的法制意识还有待加强和培育。不然，就像《法门寺》里的贾桂，你让他坐下，他说奴才站惯了，如何发挥监督作用呢？

八十一

当代法国在世界上的地位很尴尬，按法国人自己的话说，现在法国在国际上的形象很模糊。美国现在是世界上唯一的超级大国，德国在欧洲事务和国际事务中发挥的作用越来越大。大英帝国失去了往日的辉煌，对美国亦步亦趋，但有了这个铁哥们，在国际上仍然有一定影响。中国等发展中国家迅速崛起，成为世界经济发展的强大引擎，在国际事务中的声音越来越响亮。就是不知道法国在世界上发挥着什么样的作用。2007 年我去德国和法国访问，对比十分鲜明。德国城市街道一尘不染，政府部门纪律严明、工作高效，企业人士办事一丝不苟。到了法国，城市里拥挤杂乱，与有关政府部门约好 3 点会谈，快 3 点半才来了一个人，捣鼓了半天电脑也找不到需要的文件。在戴高乐机场，由于机场工作效率低，起飞时间到了，乘客登机手续还没有办完，延误了 1 个小时。海涅说过这样的话，播下的是龙种，收获的却是跳蚤。可惜了法国这样一个出过无数大思想家、科学家、文学家的国度。

八十二

近年来兴起了“国学热”，似乎中华民族振兴要靠传统文化的振兴。我感觉一些学者脑子进水了。1840 年以来，中国与西方列强的较量中，屡战屡败，国家屡次面临生死存亡的危急关头。清王朝与西方列强对抗中的失败，实际上是传统中国文化与现代西方文化对抗中的失败。现在历史又前进了 100 多年，把传统文化搬出来就能够实现中国梦？这我不相信。

八十三

由于把资金投入制造业等实业领域，无法满足中国金融业对高收益的要求，于是银行与地方政府合谋把房地产泡沫吹大、价格抬高。银行通过各种“金融创新”把尽可能多的贷款放给房地产企业，政府通过土地抵押也获得了大量融资，用于城市开发和建设。这样，银行通过房地产泡沫获得高利息，政府利用土地抵押撬动金融搞开发，却导致了中国实业融资难、融资贵，空心化和缺乏核心竞争力问题严重。一旦房地产泡沫破裂，整个经济繁荣的基础就会轰然倒塌。所以，政府和银行会千方百计维护房地产市场虚热，至于泡沫越吹越大最终怎么办，“我死后哪管洪水滔天！”

八十四

中国经济发展缺乏科技创新支撑，国家和有关部门就投入大量资金，由政府部门选择攻关项目和研究方向，给予支持。于是出现了科研资金的浪费和科技领域的腐败，国家花的钱大部分打了水漂。让市场去发现有前景的科技创新项目，发展风险投资基金，让市场承担研究风险并支持有风险的研究项目，这样是不是更好。

八十五

为什么要发展？怎样发展？这是当今中国面临的重大问题。其实，早在20世纪80年代，欧洲一些经济学家、社会学家就提出了这个问题。罗马俱乐部的一批专家、学者认为，过度增长不利于增进人类福祉，提出了有限增长的概念，有的甚至提出零增长的主张。到西方国家访问，城市的天际线上看不到几台起重机和几座脚手架。西方经过几百年发展，达到了较高的发展水平，发展潜力的确没有发展中国家大，但与他们重视生活质量和环境资源保护有关。中国一个时期内重复了西方早期发展中以资源大规模投入、环境严重破坏为代价的老路，今天才慢慢觉醒，开始重视可持续发展。难道人类一定要把犯过的错误再重复一遍吗?

八十六

有的人总喜欢思考生活，无非是为了适应生活。尼采说过，人类一思考，上帝就发笑。其实，人类思考与否，生活的性质和轨道不会改变。如果人们不去刻意地适应生活，而按自己的活法去生活，生活本身并不复杂。让我讲一个故事。著名化学家邓从豪教授当了山东大学校长后，有人知道邓先生早晨8点前要蹲厕所，专门挑这个时间去找他解决问题，打乱了先生的生活规律和节奏。就因为这一点，邓先生当了两年校长后，坚决要求辞去校长职务，仍然去当他的教授。邓校长以我为主，不去被动地适应生活，生活对他而言就变得简单了。

八十七

朋友圈里已有不少人使用微信，劝我也加入，到现在我也没有加入。用微信虽然会接触到更多信息，但那些小道消息、明星绯闻、卖萌照片看到和看不到，知道和不知道，又有多少区别呢?在大数据、云计算的社会里，问题不在于信息量不够大，而在于信息泛滥成灾。人们不能只是被动地接受信息，更重要的是要知道如何选择信息，学会拒绝信息。否则，有用的信息、垃圾信息都照单全收，在信息大爆炸的时代里，真能把大脑这个存储器挤爆，结果不该知道的知道不少，该知道的却不知道。

八十八

英国经济学家舒马赫写过一本书，名字叫《小的是美好的》。在英国、德国、意大利、法国等欧洲国家，一些家族世代经营一家小面包店、奶酪店、小饭馆，等等。他们生产的产品、提供的服务品质可靠，风味独特，供不应求，但坚持不扩大生产规模，一天只做几桌饭，每天供应的面包、奶酪数量固定，卖完关门。正因为如此，这些家族小店成了百年老店和当地的名片，祖祖辈辈都有饭吃。我国一些企业，一旦产品出了名，就拼命扩大生产，做大做强，结果质量失去了保证，特点越来越不鲜明，很快销声匿迹。究竟是把企业做大好，还是做小好，这是一个值得研究的问题。

八十九

“不幸周郎竟殒命，早知李靖是英雄。”蔡锷病逝，小凤仙送来了上面的挽联。悲愤、惋惜、爱敬，以及与英雄结识的幸运，两句话里包含了多少丰富的内容和感情。读了这副挽联，人们会忘了小凤仙的名妓身份，而把她当成一个知识女性来尊敬。再看今天整天出头露面大讲传统文化的女电视明星，言词滔滔却没有几句有内涵的话，不禁有今不如昔的慨叹。

九十

人在大节上不能随波逐流，在小节上没有必要特立独行。中国历史上，钱谦益、侯方域大节有亏，落下千古骂名。苏子卿、文天祥能保大节，千古流芳。涉及理论观点、价值判断，本来众说纷纭，难以定于一尊，可以固执己见，即使是错了，也能赢得人们的敬重和理解。比如，有的学者，虽然观点有点“左”，但他自认为正确，是一贯的“左”，从不随风倒，人们对此并不反感。至于衣食住行，生活琐事，一定要独出心裁，不拘小节，与众不同，就没有必要了。比如，一些文艺青年故意弄得头发油渍麻花，衣衫破烂不整；有的年轻女人非要剃掉满头青丝，留个光头，这种个性不要也罢。

九十一

复旦大学校长杨玉良在2011年毕业典礼上对一位女毕业生公开道歉，在社会上引起了强烈反响。原因是在拍毕业照时，这位女生的学士帽掉到地上，恰在这时摄影师按下了快门，接着摄影师补照了一张，后来学院发给大家的是缺少这位女生的照片。为此，女生向院里反映，要求重新发给大家后来补照的那一张，费用由学校和同学们共同负担，既没有得到同学的同意，学院领导也没有予以理睬，女生最后反映到校长那里。杨校长强调，一个学生希望毕业照上有自己的形象被拒绝，是对个人权利、情感和尊严的粗暴践踏，学校各级领导和同学们应该为自己的行为感到羞愧。这件事如果发生在书记和院长身上，早就办妥了。对此，作为校长的杨玉良公开向这位女同学道歉。这件看起来很小的事，却使我深深感动，并断定我们这个民族是很有希望的。

九十二

前东德领导人昂纳克一只手受过伤，但又喜欢打猎。于是打猎时就把猎枪架在一个保镖的肩膀上。久而久之，这个保镖的一只耳朵被震得什么也听不见了。读到这个故事后，当一些大人物一方面对具体个人的生存状态和尊严漠不关心，另一方面却声称要全心全意为全体人民谋利益，我在心底里就轻蔑地说："见你的鬼去吧！"

九十三

走在中国城市的大街上，看着那些批量建设的丑陋建筑，以及那些奇形怪状的先锋建筑，我经常想，50年后，不,也许在我的有生之年,这些建筑将有一半被推倒重建。在一个缺少美学和艺术趣味的时代，人们可以对这些建筑物熟视无睹，我们的后人一定会比我们具有更高的美学和艺术水准，这样的城市面貌可能会超出他们的容忍度。如果不是这样，后人将令我失望。

九十四

欧债危机爆发时有几个重债国家，媒体把它们合称为 PIGS（英语中这四个字母的意思是猪）。其中的 G 是指希腊，S 是指西班牙。这两个国家，一个是文明古国，一个是近代历史上曾经的强国。它们都无可挽回地衰落了，经济上拖了欧洲的后腿。依我看，这两个国家不仅现在经济不景气，以后重新崛起恐怕也有困难。根本原因是，它们都不愿意适应变化了的时代。我讲两个事例给大家听。在希腊，政治家靠借钱大幅度提高国民的收入水平以争取选票，一直过着寅吃卯粮的日子。更令人吃惊的是，希腊的码头工人竟然是端“铁饭碗”的国家公务员。前几年，西班牙驻华大使召集中国企业人士推介项目，结果在会议上大讲特讲西班牙的阳光如何灿烂明媚，没有几句话与投资环境有关，参会的中国企业家以为大使在为西班牙旅游揽客。

九十五

真理往往被厚厚的外衣包裹着，只有当真理以极端的形式赤裸裸地呈现在人们面前时，一般大众才能看到真理的面貌。比如，人的物质需求其实是非常有限的，重要的是人的精神世界要丰富。古希腊哲学家第欧根尼以极端的行为阐释了这个真理。他抛弃了全部家产，只留一个讨饭的饭碗。后来看到一个乞丐用手掬水喝，他领悟到连饭碗都是多余的，也扔掉了。他没有了房子，平常睡在垃圾桶里。亚历山大大帝费了一番周折终于找到他，问我能为您做点什么吗。第欧根尼回答：是的，请不要挡住我的阳光。

九十六

罗伯特·爱德华兹是剑桥大学教授，也是“试管婴儿之父”和2010年诺贝尔生物和医学奖获得者。在做出这项发明前的14年间，他没有任何科研成果。通过这个事例我明白了，为什么中国科学家发表的文章在世界上名列前茅，却搞不出什么像样的科研成果。同时，我也敢断言，如果爱德华兹在中国大学当教师，既当不上教授，也不会搞出试管婴儿的发明。

九十七

鲁迅早年信奉社会进化论，认为一代应该比一代强。严酷的现实使他放弃了这一理论，后半生他更加倾向于马克思主义理论。阅读历史也使我们悲哀地看到，人类的历史似乎是一部道德退化史。上古贤人行王道，春秋之世行霸道，目的高于一切，为了实现目的可以不择手段。孔子当年提出，想吃鱼可以去钓鱼，但不可以用网打鱼，不能一网打尽。现在到处有人用炸药炸鱼，下药捕鱼，用电电鱼，无论大鱼、小鱼、小小鱼都不能幸免。类似的故事说明，现在不少人已经丧失了孟子所说的恻隐之心、是非之心、羞辱之心、恭敬之心。

九十八

无用之用大矣！科学发明史上不少科学家做的无用之事，都给人类带来了巨大影响和福祉。瑞典一位科学家试验用装满酒的啤酒瓶和空啤酒瓶击打人的头颅造成的不同后果，结论对侦破凶杀案有很大帮助；日本科学家试验哪一种浓度的芥末更适合人的口味，结果研制成了一种火警报警装置。喜欢阅读文学作品，看来无用，可以帮助人们认识人生。吟诗、做对看来无用，却可以使人变得高尚一点，一个喜欢诗的人坏不到哪里去。当然，顾城杀了他的情人，是因为他精神上有严重疾病，不能以偏概全。

九十九

苏州同里古镇有一个老园子叫“退思园”，1993 年一个当地老板建了一个新园子叫“静思园”。一字之差，境界不同。先退一步，才能静思。不知进退，说要静思，那是矫情。人生进不易，退尤其难。知道要进的多，知道要退的少。进只需要勇气，而退是勇气，也是智慧，是境界。

一〇〇

在大多数情况下，争论并不是为了辨明是非，而是为了掩饰自己的错误，是为了面子。不参与无谓的争论，尤其是不进行情绪化的争论，是明智之举。

一〇一

风险不能完全避免，但把风险造成的损失降低到最小限度，人们是可以有所作为的。山雨欲来风满楼，大的风险来到也是有前兆的。能不能事先预见风险，提前作出准备，就是先知先觉和后知后觉的区别，一下子就分出了高下。

一〇二

无知者无畏。越是外行越敢对一些专业的问题发言。因此，可以作出判断，那些经常在电视上露面的，肯定不是业内顶尖的专家。有的专家曾经在电视台说过，在中国近海种植海带可以抵挡敌方潜艇攻击；雾霾可以增加敌机发射导弹时的误差。大家是不是仍然记忆犹新？

一〇三

古往今来，君子与小人斗，君子永远不是小人的对手。因为君子有道德底线，有耻辱心，而小人没有任何顾忌，可以无所不为。这样的故事，史不绝书。宋襄公不击半渡之军，不击不成陈列之军，因此与楚军交战一败涂地。项羽在鸿门宴上讲情面，放走了刘邦，留下了心腹大患。鸿沟对垒，项羽捉了刘太公，威胁刘邦要把老头子给烹了做肉酱。刘邦露出了流氓本相：我们两个曾经结拜过，我爹就是你爹，“必欲烹乃翁，请分一杯羹”。现在也是这样。被小人缠上，噩梦就缠上了你。所以，人们说，宁愿得罪君子，也不能得罪小人。

一〇四

刘邦得了天下，讨论定都何处，有人建议定都洛阳。书生娄敬说，洛阳无险可守，只有有道之君可以居之。

汉家是杂以霸道取天下，还是定都关中好。那里是四塞之地，能守能攻。刘邦采取了他的建议。刘邦是流氓，但起码清楚自己是什么货色。今天一些人干尽了坏事，一点也不觉得内疚。这一点就远不如刘邦。

一〇五

闲时发呆，我有时想一些很傻的问题。在欧洲旅行，油门一踩就到了另一个国家。卢森堡一个小村子叫深根，走出去几步就是法国和德国。我们国家900多万平方公里，尽管历史上也有分裂的时候，但大部分时间是一个统一的大国，到底是什么神秘的力量做到这一点的？有人说，是我们语言的统一，但是你到南方走一走，翻过去一座山，这边的人听不懂那边的话。有人说是儒家文化把中华民族凝聚到一起来了。我觉得靠谱。正因为几千年来一个文化，一个思想，中国人变得呆板、保守、缺乏个性。常常听人说，欧洲人各有个性，比如法国人幽默、英国人风趣、西班牙人热烈、意大利人浪漫、德国人严谨，等等。中国疆域很辽阔，南方与北方、东部与西部，人有很明显的区别吗？

一〇六

写文章怀念乡村生活的美好，成了一些已经功成名就人士的时髦。我不禁心生疑问，如果农村生活真的那样美好，为什么那些精英人士还要奋斗拼搏、千方百计离开农村？而一旦进了城，也没有听说他们再回到农村去。这就让人感觉有的成功人士不实在。其实，城市收入水平更高，生活更接近现代文明，生活质量更高，随着经济文化发展，越来越多的农村人口要逐步城市化，这是人类文明发展的必然趋势。一些城里人不要一方面享受着城市文明，一方面又对农村生活进行牧歌式的描写。今后中国的一项重要任务，还是要使更多的农民变成市民。

一〇七

现在的中国人把不能让孩子输在起跑线上挂在嘴上，无非是让孩子上这个班、那个班，多学知识，而严重忽略了对孩子价值观、道德感、责任感、意志力以及生活能力的培养。依我看，这样教育孩子，我们的孩子已经输在了起跑线上。现在有的孩子上小学了还不会系鞋带，不会和小朋友一起玩。据国外媒体报道，中国留学生自杀率大大高于其他国家留学生，因为他们适应环境的能力、承受压力的能力都比不过外国孩子。

一〇八

我观察，现在小学生上学时不再背书包，而是拖着拉杆箱，可见学业之繁重。在学校上课、回家做作业还不够，家长还要给孩子报奥数班、英语班等，本来应该天真烂漫的小朋友，一个个萎靡不振像小老头。这样下去，我们的孩子不是输在起跑线上，而是会累死在起跑线上。

一〇九

人的天性是创新。比如，人都不愿意干扫地、抹桌子的活，因为这些劳动是简单重复。但是，人都愿意打麻将、打桥牌，因为每一副牌都不一样。所以，不是中国人不愿意创新，没有创新能力，而是要设计、建立一种制度和体制机制，弘扬人们创新的天性，发挥人们的创新能力。

一一〇

在家里和老婆讲道理是不想过了，在单位和领导讲道理是不想干了。

一一一

把复杂的问题简单化，是高明的表现。比如说，清官难断家务事，说复杂的确复杂，说简单也很简单：小事听老婆的，大事听老公的。

一一二

邓小平第三次出来工作时讲过，重新出来工作无非两个选择：一是做官，一是做事。我的选择是做事，谁让我是共产党员呢。所以，政治家和政客的区别在于：政治家有信仰、有抱负，而政客有奶便是娘。

一一三

现在社会上有人在讨论金钱是否重要。依我看，这个问题只有对于有钱人才是问题，对于没有钱的人根本不是问题。

第三辑　经济漫笔

成功者的自述

——读《亚科卡自传》

在美国，李·亚科卡是一个带点传奇色彩的新闻人物。1946年大学毕业后，他考入福特汽车公司，开始只是一个普通的推销员，由于工作勤奋、成绩斐然，24年后登上了福特汽车公司总裁的宝座。8年后，由于和福特二世存有芥蒂，被迫离开福特汽车公司。不久加入克莱斯勒汽车公司，任总裁。其时，克莱斯勒汽车公司正濒临破产，以后又受到石油危机和经济萧条的冲击，不少美国人认为，克莱斯勒完了。但是亚科卡当了几年总裁后，奇迹发生了，克莱斯勒终于东山再起，美国汽车工业三足鼎立的局面得到了恢复。于是，好奇的美国人纷纷涌向亚科卡，问他是怎样获得这些成功的？他回答："我会写一本书告诉大家的。"1984年，亚科卡履行了诺言，《亚科卡自传》在美国出版了。由于亚科卡本人的经历就带有传奇性，再加上他简洁、朴素的语言风格，《亚科卡自传》出版后，在美国引起了轰动，居1984年美国10大畅销书之首。中译本在我国出版之后，也受到了读者的欢迎。

亚科卡是资本主义国家里一位杰出的企业家。对他在书中讲述的管理经验和管理方法，我们不能简单照搬。因为我国的经济条件与美国不同，诸如生产资料所有制、市场体系的完善与发育程度、经济活动的目标函数、企业所处的外部环境，等等。但是这些经验与方法毕竟在一定程度上反映了现代商品经济运动的规律性，因此是可资借鉴的。

亚科卡之所以能够获得巨大的成功，首先在于他具备了现代企业家的素质，这包括：

一、创新精神。在强手如林的竞争中，要想保持优势，处于有利地位，企业家就必须不断地进行创新，不断地革新技术、提高产品质量，推出性能更加优良、更加适合消费者需要的新产品。在商品经济条件下，因循守旧就意味着被淘汰。

二、对消费者需求和消费者偏好变化的高度敏感和应变能力。亚科卡有一条基本经验：如果一个企业家脑子里想的只是下半年或明年的市场需求情况，并以此为根据安排企业的生产经营活动，那么，他肯定会把这个企业葬送掉。一个杰出的企业家必须经常考虑与关心3年、5年，甚至10年之后消费者需要什么，并在这种变化尚未开始时，就开始投资作生产的准备。用我们中国人的话说，这叫："嘴里吃着，手里攥着，眼里看着，心里想着。"

三、强烈的事业心。一个真正的企业家，必须始终有一种追求最大成功的锐气，并且，为了追求事业的成功，要有献身的精神。亚科卡初到克莱斯勒的时候，这个公司正濒于破产。为了救活企业，并唤起全体职工同心同德、共渡难关，他提出了"均等承担牺牲"的口号，而且自己首先以身作则，把年薪定为1美元。照我看来，我们社会主义国家的企业家也应该具备一点这样的精神。

亚科卡取得成功还在于他在管理企业的过程中，始终坚持了以下做法：把组成一个精明强干的领导集团作为搞好企业的关键，注意对人的管理，发挥每一个人的才干，形成一种强大的向心力；把销售作为全部经营活动的关键环节来抓，指派最得力的人员去从事销售工作，争取销售商的合作与消费者的信任；不断推出新的产品，努力降低成本，为消费者提供价格便宜、可以满足多种需求的优质产品。

亚科卡的生活中不仅有成功的欢欣，也有被抛弃、被戏弄后的愤怒与灰心丧气。因此，我们在书中既能够看到他如何“过五关，斩六将”，也可以看到他的“败走麦城”；既可以看到他对市场机制运用自如，在商品经济的大海中如鱼得水，也可以看到他在董事会和政府的左右掣肘下，进退维谷，焦头烂额。诚然，亚科卡无意于揭露美国社会经济的实质和阶级之间的对立与界限，但从他那时而凄凉、时而愤懑的描写中，我们仍然可以窥见资本主义社会中企业家——经理阶层的实际地位。

总之，通过阅读《亚科卡自传》，我们不仅可以了解一些资本主义社会里企业制度、企业管理的情况，从资本主义国家先进的管理经验、管理方法中吸取对我们有用的东西；同时阅读这本书还可以增加我们对资本主义社会的感性认识。

（原载于《读书》1987 年第 4 期。《亚科卡自传》，[美]李·亚科卡著，华夏出版社 1986 年 9 月第 1 版，2.70 元）

艾哈德和联邦德国的物价控制

第二次世界大战后，联邦德国在经济上创造了两大奇迹：一是经济增长速度仅次于日本，在资本主义世界中居第二位；二是通货膨胀相当温和，物价上涨率在19个发达资本主义国家中最低。据统计，从1950年到1985年，联邦德国的消费品价格上涨了2.1倍，年平均上涨率为3.3%，在此期间，原料价格、批发价格、零售价格以及进出口价格的年平均上涨率保持或低于这个水平。说到联邦德国的经济奇迹，就不能不提到西德社会市场经济的奠基人路德维希·艾哈德。

艾哈德是一位国内外知名的经济学家和政治家。早年跟从弗里茨·奥本海默教授研究经济学，信奉过“历史学派”，30年代转向欧根和勒普克等人创立的自由主义学说“弗赖堡学派”，40年代形成了社会市场经济的思想体系，并为西德战后经济复兴拟定了计划。1948年起，历任英美“双占区”经济署署长，联邦德国经济部长、副总理、总理职务。他一直负责西德经济恢复和发展工作，他的经济决策思想对西德经济恢复时期及其后来的经济发展产生了极大的影响。本文准备重点介绍在艾哈德的影响下，联邦德国是如何进行物价控制的。

一

艾哈德一直把控制通货膨胀、保持通货稳定当做稳定物价的重要手段。他认为经济政策的中心目标是经济稳定的增长，而通货稳定则是经济稳定增长的必要条件。因此，与凯恩斯主义用赤裸裸的通货膨胀求得经济增长的思想相反，他强烈反对通货膨胀的做法。他认为通货膨胀有三大弊病：第一，通货膨胀会导致储蓄率下降，并进而影响投资的增长。因为居民储蓄是投资的重要来源之一，如果币值不稳定，居民的储蓄意愿就会衰减，就会去市场上抢购或持币待购，这必然会降低储蓄率和投资率。第二，通货膨胀不利于出口，从而影响外汇收入。因为在国内物价上涨的情况下，外销不如内销有利可图，因而使出口失去动力。第三，通货膨胀是一种暗中窃取民脂民膏的不道德行为。

基于上述思想，艾哈德上台伊始，就开始币制改革，着手治理通货膨胀。由于战争造成的巨额赤字，通货的疯狂发行，到 1948 年初，不算活期存款和短期定期存款，仅在西德境内流通的纸币就达到 1936 年货币流通量的 16 倍，而国民生产总值仅及 1936 年的 1/3，因而当时马克严重贬值，物价暴涨，商品奇缺，美国大兵的一块巧克力就可以换取小姐们的“爱情”，美国香烟也一度取代货币成为一般等价物。针对这种情况，艾哈德颁布命令，从 1948 年 6 月 20 日起，每个公民以 1:1 的比例用旧马克兑换新马克的限额为 60 马克，其余现金、存款均以 10:1 的比例以旧换新。这项措施一下子将旧通货砍掉了 90% 左右。改革以后，市场与生产情况马上有了改变，“货架上摆满了商品，烟筒又开始冒烟”。

艾哈德保持货币稳定的一个重要措施是发挥联邦中央银行对货币发行量、流通量的调节和控制作用。根据 1949 年颁布的“基本法”，联邦银行是一个独立于联邦政府的机构，它以保卫货币的稳定为目标，可以不受政府经济政策变动的影响，独立制定货币政策，联邦政府不得向联邦银行透支。当政府的经济政策与保持货币稳定发生矛盾时，前者要服从后者。联邦银行主要运用以下经济杠杆调节货币流通量：最低准备金政策；信贷政策；贴现政策；控制中央银行货币量。在50年代和60年代，联邦政府比较偏重于最低准备金政策，70年代以来更偏重于信贷和贴现政策。据统计，从1948年7月1日到1982年10月1日，联邦银行变动国内存款的最低准备金率、境外存款的最低准备金率分别为69次和61次；从1948年7月1日到1985年8月16日，变动贴现率为68次，变动抵押贷款利率77次。1975年以来，联邦银行开始把控制中央银行货币量年增长幅度当做主要指标，努力使货币量的年增长幅度等于国民生产总值的增长幅度与消费价格上涨之和。

二

控制财政赤字，保持预算平衡是稳定物价的重要措施。艾哈德非常重视财政收支情况对物价的影响，在他参政期间通过的“基本法”规定，政府的财政预算必须保持平衡。因此，在70年代前，虽然也出现过财政赤字，但都不太严重，1955年、1960年还曾经出现过财政盈余。与此相适应，物价也基本上是稳定的。而进入70年代以后的十几年内，物价出现了持久的上涨。据统计，从1971年到1982年的12年中，消费价格的年上涨率超过5%的有8年，超过6%的有4年，其原因就在于进入70年代，社民党政府一改艾哈德的经济政策，把推行赤字财政作为刺激经济增长的重要措施，财政赤字迅速增加，1975年三级政府的赤字额达638亿马克，1981年达757亿马克。1982年科尔上台后，重新奉行艾哈德控制财政赤字的政策，采取措施整顿财政，于是财政赤字明显减少，1983年降为550亿马克，1984年为462亿马克，1985年为370亿马克，19年以后物价又出现了较稳定的局面。实践证明，艾哈德关于控制财政赤字的决策是正确的，在财政赤字大幅度上升的情况下，要想实行物价稳定是不可能的。

三

控制工资的增长幅度，使之与劳动生产率和经济增长的幅度相适应，是稳定物价的重要条件。

工资对物价的影响是通过供给与需求两个方面实现的。当工资上涨时，作为成本因素，必然使总供给价格上升，造成“成本推动型”的物价上升；而工资作为收入因素，又必然使总需求扩大，造成“需求拉动型”的物价上涨。因此，要控制物价上涨，必须控制工资的上涨幅度。艾哈德认为，提高经济效率本身不是目的。在经济增长的同时，降低物价，提高实际工资水平，才是经济发展的任务。但是，当工资上涨的倾向超过了经济上所能允许的限度，又必然会引起物价的上涨。艾哈德主张政府对工资的问题不直接干预，只是提供有关近期经济情况和未来经济发展趋势的材料，由劳资双方谈判决定工资水平。所以，工资虽然在不断上升，但始终未超过劳动生产率增长的限度，物价也是比较平稳的。社民党执政时期修改了政策，于是劳资双方达成的工资标准大大超过劳动生产率的增长，发生了70年代初到80年代初物价较大幅度的上涨。科尔政府上台后，立即着手纠正这种情况，使工资增长率与劳动生产率增长重新相适应，结果，物价上涨率也降了下来。

四

对艾哈德控制物价的经济决策思想以及控制物价的措施该如何评价呢？

首先应该指出，艾哈德的经济思想和控制物价的措施，出发点是为资产阶级利益服务的。比如，用减少福利开支来减少财政赤字的政策，限制工资增长以防止物价上涨的措施等，干脆就是一种“劫贫济富”的做法，其阶级倾向性是明显的。

但是，二战后几十年来联邦德国经济获得了飞速的发展，在一定程度上不能不归功于其物价的稳定，而物价能保持稳定，又不能不归功于艾哈德的经济思想及经济政策。因此，今后要实现我国经济的稳定增长，联邦德国控制物价的成功经验还是值得借鉴的。

第一，艾哈德稳定物价的经济思想是正确的。用通货膨胀的办法，固然可以扩大投资需求，带来经济的暂时增长，使供求矛盾暂时得到缓解。但是，物价上涨必然引起一系列不良后果，包括导致经济的剧烈波动，降低居民的储蓄意向和比率，减少社会投资供给，从而降低经济增长率，会使供求之间的矛盾越来越深刻。更为重要的是，我们是社会主义国家，经济增长本身不是目的，而是为了使人民的实际收入不断提高，生活不断得到改善。通货膨胀会使人民的实际收入水平降低，这是和社会主义经济的性质不相容的。因此，社会主义国家不能用通货膨胀的办法发展经济，而应该尽量保持物价的稳定，保护人民的经济利益。

第二，联邦德国政府采取的控制物价上涨的措施也是行之有效的，很耐人寻味。如中央银行以保护通货稳定为使命，不受政府经济政策左右，有独立制定货币政策，调节货币流通量的权力，就是保持物价稳定的有效措施。事实上，当中央银行只不过是财政部的金库，财政上出现赤字就可以向中央银行透支，那么通货膨胀的发生是难以避免的。这一点应该引起我们的特别注意，要通过金融体制的改革，改革这种情况。要使中央银行具有一定的独立性，发挥稳定通货、保证经济稳定增长的作用。又如：工资增加幅度要与劳动生产率和经济增长的幅度相适应的措施。1984 年，我国曾一度出现了工资收入上涨太快，超过了国民经济增长速度的现象，从而使国家财政出现了比较大的赤字，导致了 1985 年的物价大幅度上涨，这个教训是应该记取的。在今后一个时期内，我们必须坚持工资增长与经济增长率相适应的原则，保证物价的稳定与经济的健康增长。只有经济不断地稳定增长，人民的生活水平才可以逐步得到提高。

（原载于《自学》1987 年第 6 期）

人才流动与美国经济文化发展

美国从1776年宣告独立，到现在仅仅200多年的时间，因此人们常常带有鄙薄意味地说，美国是一个没有历史的国家。然而，就在这短短的200多年时间里，它在经济、文化上取得了巨大的进步，由原来落后的殖民地，一跃而成为世界上头号经济强国和科技大国，使老牌的资本主义国家也只能瞠乎其后，在人类历史上写下了颇具传奇色彩的一页。对200多年间美国经济、文化的飞速发展，人们尽可以作出种种不同的解释，找出多种原因，但是人才的大量涌入以及国内人才的立体交叉流动，不能说不是美国经济、文化迅速发展的最重要因素之一。

“没有移民就谈不上有美国”

1980年美国《今日世界》杂志7月号刊载一篇题为《移民：一个国家的创立者》的文章，其中写道：“不管将来移民问题会怎样发展，但是以往，移民无疑是美国最大的资源之一。毕竟，没有移民就谈不上有美国。”

美国民族是一个世界性的民族，形象地说，是一个“民族拼盘”。这是200多年间人口流入，尤其是几次大的移民浪潮的结果。

北美大陆上的土著居民是印第安人。17世纪初，第一批欧洲人移入，这批移民被称为WASP。W即白人，AS是指盎格鲁－撒克逊，即白人中的北欧人，P指基督教里的新教。他们先是在美国东海岸北部定居下来，其后裔一直是美国文化的骨干，掌握着政治和经济的大权。第二批移民是18世纪末从英国和德意志迁入的，这批移民的迁入为美国早期经济发展及工业革命奠定了基础。第三批移民是19世纪上半叶迁入的400多万欧洲人。这批移民的流入，使美国获得了宝贵的劳动力，美国所以能在19世纪60年代初完成产业革命，可以说就是得力于这批移民的辛勤劳动。美国历史上空前的第四次移民浪潮，是19世纪60年代初到第一次世界大战前。南北战争期间，1862年，林肯总统颁布著名的《宅地法》，宣布可以把160英亩土地免费授予一个家庭的户主。这项法令在欧洲掀起了轩然大波，大批移民如滚滚洪流涌向北美大陆。1861~1914年间，涌入美国的移民共计2710万人，与1860年的美国人口不相上下。在同一时期，美国的耕地由1860年的4亿零700万亩增加到1913年的9亿零200多万亩。另一方面，由于移民中包括大批技术人员和技能人员，使这一时期美国的工业突飞猛进，其速度远远超过了英法。1913年，美国的工业产量占世界总产量的36%，等于英法德三国工业产量之和。至此，美国一跃成为世界头号强国。第二次世界大战后到现在，每年仍有大批移民流入美国，随着美国工业化的发展，移民的素质越来越高，其中包括大批优秀的科学家和高级工程技术人员。

大批移民涌入美国，不仅给美国带来了经济上的繁荣，而且给美国带来了科学技术的兴旺发达。200多年来，美国一直采取种种措施鼓励其他国家的科学家和工程师移居美国。这些措施包括：给科学家和工程师比较优厚的工资，这对世界各国的科学家和高级技术人才具有很大吸引力；美国政府非常重视科学技术的发展，每年拨出大量科研经费，私人企业每年也拿出一批资金资助科研活动，因而使美国科学家有较好的研究条件和实验设备，也使世界其他国家的科学家对美国趋之若鹜；美国为科学家和工程师入籍提供了比较简便的手续。由于美国采取了这些措施，各国的优秀人才源源不断地流入美国。特别是第二次世界大战中，由于希特勒实行排犹政策，仅德国、奥地利两国就有2000多名杰出科学家移居美国，其中包括伟大的爱因斯坦。二次大战中，美国还俘虏了大批德国科学家，把他们留在了美国。二次大战后，外国科学家移民美国与日俱增，1949~1959年间，共有10多万名科学家和工程师移居美国，平均每年为1.5万名。

国内人才的立体交叉流动

200多年来，美国大敞门户，以优厚的待遇和完善的工作条件吸引了国外大批人才流入北美大陆。这是美国经济与科学技术迅速发展的原因之一。与此同时，美国在国内人才管理上，有一套完善的制度，鼓励了人才的流动，为人才流动创造了方便的条件，造成了国内人才连续的立体交叉流动，促进了美国经济、文化的发展。主要有以下几个方面：

1. 人才在国内地区间的流动，促进了地区经济布局的变化和优化。一个国家各个地区之间的经济发展是不平衡的，因而生产力布局经常发生变化，以前的工业中心会逐渐衰落下去，而新的工业中心会不断兴起。这就要求人才在地区之间经常流动，以适应新兴经济中心对技术人才的需要。在美国，人才在地区之间的流动是比较自由的。一个人经过考试，只要具备较高的技能或技术水平，其报酬不受工作年限的影响，这与日本的情况有很大区别。美国的交通非常方便，各地出租公寓都附带有全套家具和厨房设施，提一个箱子就算搬了家。再加上美国人从祖先那里继承了喜欢流动的天性，美国国内地区间人口流动是很大的。近年来，美国兴起了奔向阳光地带的浪潮，大量人口从东北部工业地区和中西部向西部和南部迁移，1980 年，西南部人口首次超过了东北部和中西部。这主要是由于近年来集中在东北部和中西部的钢铁、汽车、建筑、机器制造业日趋衰落，而原来主要是农业区的西部和南部，石油、电子、飞机制造、军工工业迅速发展起来，形成了休斯敦和洛杉矶等新兴经济中心。而人才的由东向西、由北向南的流动，则进一步促进了西南部经济与科技文化的繁荣。

2. 部门之间、行业之间的人才流动，促进了产业结构的调整和优化。在美国，人才在部门、行业之间的流动也是非常频繁的。由于新兴部门有发展前途，且这些部门工资待遇比较优厚，美国政府又大力支持新兴部门的发展，鼓励人才向这些部门流动，因此人才在部门、行业之间的流动量每年都相当大。人才在部门、行业之间的流动，一方面使人才充分发挥作用，防止了在“夕阳产业”滞留过剩的科技人才；另一方面，又鼓励人们不断开拓新的技术领域，有利于科学技术的发展；同时，大量人才流入新的工业部门，促进了这些部门的发展。

3. 竞争的压力与人才的新老交替，保证了科研队伍的活力和质量。在美国，科学家、技术人员之间存在着激烈的竞争。这里，人们不看你的资历和过去作出了什么贡献，而是看你是否能够不断拿出新的成果。1982年前，美国大学教授的退休年龄是65岁，1982年推迟到70岁。在美国，终身教授数量很少，即使是终身教授，只要你拿不出新的成果，工资就不会增加。在物价不断上涨的情况下，实际上是降低了工资收入。再加上长期出不了成果，实验室还会让别人用，你已经无法再继续待下去了。至于一般的科学技术人员，只要拿不出成果，最好是自己卷铺盖走人，而美国人对此并不感到有什么不应该。由于实行了严格的淘汰制度，造成了美国科学家队伍年纪轻、质量高的状况。据统计，1977年美国在业的有博士学位的科学家和高级工程师总数为278,000人，其中50岁以下者占70%；高等学校有博士学位的科学家和工程师，1975年的平均年龄为41.3岁，40岁以下者占总数的46%，大学校长的平均年龄只有46岁。

4.科研机构、大学与企业之间的人才流动，促进了科研成果向生产的转化。美国各大学、科研机构与企业之间的联系是非常紧密的。公司、企业聘请大学教授充当科学顾问，是美国在科研方面实行基础研究、应用研究与开发研究相结合的重要形式。举例来说，麻省理工学院有1000名教授，几乎每个人都同时在公司受聘为顾问，有的教授还同时在好几家企业充当顾问。公司和企业则根据不同情况给这些教授相当于工资10%~20%的报酬。这样做，使科学技术发现直接转化为生产技术，科学研究成果直接得到生产过程的检验；同时，科研与生产直接结合，使科学家可以了解生产对科学技术发展的要求，及时发现新的科研课题；另外，科研机构还可以得到公司和企业的资助。

（原载于《自学》杂志1987年第6期，发表时用了笔名）

经济自由主义和国家干预主义之间的『四百年战争』

16世纪初，作为新兴资本主义生产关系的理论表现，重商主义学说开始在英、法等国流行。从那时至现在的四百多年中，经济自由主义和国家干预学说之间一直存在着激烈的论战，并轮流居于西方经济学的主导地位。本文拟对这“四百年战争史”做一简要介绍，分析每一时期一种思潮兴起并占上风的主要原因，并对两者之间今后的争论和各自在西方经济学中的地位进行一下展望。

一

18世纪中叶以前，资产阶级经济思想中占统治地位的是重商主义学说。这种学说主要反映了商业资本的利益。在内部经济关系中，它主张由国家制定法律，用剥夺农民，牺牲自给农业的方法，来保护商业资本的利益，促进资本主义经济关系的壮大与发展；同时要求国家出面投资建厂，用资本主义方式进行经营，直接影响国内经济的发展。在对外经济关系方面，它主张国家要对外贸进出口实行管制，采取措施，鼓励国内产品出口，限制外国产品的进口，以实现贸易顺差，扩大国内货币存量，增加社会总财富。为了切实保证对外贸易中的顺差，重商主义者还主张由国家直接建工厂，直接生产出口产品。不论是在国内经济关系，还是在对外经济关系方面，重商主义都是以推崇国家干预、反对自由放任为特征的。

16 世纪初到 18 世纪中叶，国家干预思潮占统治地位的主要原因有两条：其一，当时资本主义生产还处在小生产的包围之中，如果没有国家的保护，它很难获得生存与发展。其二，当时资本主义正处于原始积累阶段，迫切需要大量资金，因此需要国家在对外贸易中给予保护，以保证贸易顺差的实现，积累起所需要的资金。

拿今天的眼光来看重商主义的主张，显然它在理论上是比较幼稚的。但是在当时的情况下，重商主义的理论与经济政策却大大地促进了资本主义生产关系的发展和壮大。

到了 18 世纪中叶，资本主义经济关系在欧洲各国得到了很大发展，与封建主义的生产方式相比在经济上显示了巨大的优越性。在一些资本主义国家里，尤其是在古典政治经济学的故乡英国，资产阶级不仅在经济上战胜了封建势力，而且在政治上取得了胜利，夺取了国家政权，建立了君主立宪制的资产阶级国家政权制度。这时资产阶级已经强大到只依靠自己的经济力量就可以为资本主义经济发展开辟道路，而无须为了获得国家政权的保护，牺牲自己在经济上的种种自由，接受国家的种种干预。从国际上的经济地位来看，英国是资本主义发展最早的国家，在国际贸易中处于非常有利的地位。因此，在18世纪中叶以后的一个相当长的历史时期内，自由主义思潮一直占据着经济学的主导地位。

这一时期高举自由主义旗帜的两个最著名的旗手是英国的亚当·斯密和阿尔弗雷德·马歇尔。

亚当·斯密是古典学派最著名的代表人物之一。根据当时英国的经济条件，从资产阶级利益出发，他极力推崇经济自由主义，反对国家对经济的干预。他认为，从本质上来说，资本主义社会中的人是“经济人”，他们一切经济活动的最终目的是追求个人物质财富的增加。人们这种追求个人物质利益的活动不仅对他本人是有利的，对社会也是无害的，最终会增进全社会的利益。因为人们要扩大个人的物质财富，必须进行物质生产，生产出更多的产品来。因此，虽然人们主观上只是为了个人利益而进行生产和其他经济活动，但是在客观上却扩大了全社会的财富总量。基于这种认识，斯密进一步指出，为了达到国民财富迅速增加的目的，最好是让人们自由地从事经济活动，国家不要施加超经济强制，因为要增加国民财富，必须做到以下三点：加强分工，增加资本数量，改善资本的用途。而“经济人”的本性决定了他们会自觉地做到这三点。首先，分工能够提高劳动生产率，增加资本家的利润，因此资本家从个人利益出发，会想方设法扩大分工。其次，由于增加资本投入会为资本家带来新的利润，资本家为了获得更多利润，就会积极进行积累，无须国家督促。最后，资本家为了扩大个人利益，会千方百计地为其资本寻找最有利的用途，投到最有利可图的地方。这个问题只有资本家本人最关心，最有发言权。

在对外经济关系上，他主张自由贸易。他认为，通过外贸，一国出口了多余产品，进口了短缺产品，可以更好地满足国内生产和消费的需要；同时，对外贸易还使交换双方用来消费的产品总量增加。

马歇尔是剑桥大学著名经济学教授，是20世纪初期以前庸俗经济学的集大成者，“剑桥学派”的主将，西方经济学说史上影响最大的经济学家之一。直到目前，他的经济学著作仍是大学经济系学生的必读书。颇为有趣的是，他抛弃了斯密经济学中的科学精髓，却继承了斯密经济学说中的自由主义传统。

马歇尔的经济学说属于微观经济学的范畴，其核心内容是著名的“局部均衡论”。马歇尔认为，市场供给价格等于需求价格时的价格叫“均衡价格”，这时市场供给量与市场需求量相等，社会各阶层得到最大满足，资本主义经济进入健康、平稳运行之佳境。而均衡价格的形成，是市场上买卖双方自由竞争的结果，因此要使均衡价格得以保持，也就是要保证资本主义经济的高效益、平稳运行，必须保证自由竞争的正常进行，任何妨碍与破坏自由竞争的做法，如国家干预、经济上的垄断等，都会使资本主义经济陷入紊乱状态。到了马歇尔的晚年，垄断已成为资本主义经济中的支配力量。为了使自己的理论可以自圆其说，马歇尔采用了模糊垄断与竞争之间界限的方法，承认了垄断存在的合理性。尽管如此，马歇尔在一生中仍然算是一个坚定的自由主义经济学家。

18 世纪中叶到 20 世纪 30 年代之前这一个历史时期，是自由主义经济思潮的一统天下。1936 年凯恩斯的《就业、利息和货币通论》(以下简称《通论》)出版，结束了这种局面，经济自由主义和国家干预主义之间的交锋进入了一个新的回合。

二

1929 年 ~1933 年的世界资本主义经济大危机，对资产阶级来说无疑是一个晴天霹雳。这次危机的事实告诉人们：单靠“看不见的手”是无法使资本主义经济这匹烈马驯顺安良的，马歇尔教授所设想的自由竞争条件下的美妙均衡已成镜花水月，自由主义经济学说已不适应现实的要求，必须有一种新的学说来取代它。在这种情况下，凯恩斯主义的国家干预学说便应运而生。

约翰·梅纳德·凯恩斯是西方经济学史上划时代的经济学家。1936 年他的《通论》发表后，产生了巨大影响，时至今日，国家干预经济仍然是许多资本主义国家的基本国策。凯恩斯在《通论》中诊断了 20 世纪资本主义经济的“时代病”，并开出了国家干预的“处方”。凯恩斯是具有一点反传统勇气的。一反传统经济学对经济危机掩耳盗铃式的掩盖，他承认在资本主义社会存在着生产相对过剩的经济危机，存在着失业。而危机和失业所以发生的原因在于有效需求不足。有效需求不足又是由于：①消费倾向规律导致的消费需求不足；②资本边际利润率规律和人们对货币的灵活偏好造成的投资需求不足而造成的。显然，要消灭危机，消灭失业，只有扩大有效需求。要刺激有效需求，采取措施扩大消费品需求固然是重要的一方面，但是凯恩斯认为扩大投资需求可以更有效地增加有效需求。因为在社会生产过程中，某些生产部门之间存在着一种连锁关系。如建成一个炼钢厂，就要求建设相应的电厂、铁路、煤矿，同时也要求建成一定数量的轧钢厂、机器制造厂处理与加工生产出来的钢材，如此等等。这样，一定数量的投资会引起一连串的投资需求，结果最后的投资需求总量往往会大于初始投资需求的若干倍，这种作用叫“乘数作用”。因此，凯恩斯主张国家推行赤字财政政策，一方面支持私有企业扩大生产，另一方面由政府兴办公共事业，开办企业。同时采取通货膨胀政策，扩大货币供应量，使利息率降低，以利于投资的扩大。总之，凯恩斯经济思想的主旨就是，要使资本主义经济正常、高速度运行，必须实行国家对经济的干预。从“罗斯福新政”开始，各主要资本主义国家相继采取了凯恩斯主义的经济主张，加强了国家干预，可以说二次大战后到70年代中期，是凯恩斯主义的时代。

西方采取凯恩斯主义的经济主张，确实使资本主义经济危机的烈度和破坏力降低了，二次大战后，在西方国家出现了一个经济相对稳定发展的时期。于是一些资产阶级代表人物兴高采烈地宣称凯恩斯主义解决了资本主义的矛盾，资本主义进入了理想的“千年王国”。

70年代中期出现的“滞胀”搅散了资产阶级的一团高兴，粉碎了凯恩斯主义可以使资本主义长治久安的神话。于是经济自由主义重新抬头，公然指责凯恩斯主义，与之分庭抗礼，大有必欲取代凯恩斯主义的主流派地位方可罢休的势头。今日自由主义，流派众多，各具特点，其中最有影响的，要算以诺贝尔经济学奖得主、美国经济学家米尔顿·弗里德曼为代表的货币主义学派。

弗里德曼把近年来资本主义经济中出现的严重“滞胀”归罪于凯恩斯主义的赤字财政等国家干预措施。他认为，要实现经济的正常运行，只需要根据经济增长的幅度，由中央银行每年规定一个固定的货币发行增长率，即“单一的货币规则”就可以了，国家不必过多运用财政政策对经济实行干预。经济活动的调节应该主要靠市场调节，由企业主根据市场情况自由地进行选择，做出决策。值得指出的是，今天的自由主义经济思想与斯密、马歇尔时代不同，他们一般并不完全排斥国家干预，他们所主张的经济自由也是受到限制的，有一定的范围。

三

在资产阶级经济学的阵营里，为什么几百年来一直存在着经济自由主义与国家干预学说的两军对垒？我们认为最深刻的根源在于资本主义的基本矛盾。资本主义生产方式的产生是以生产社会化发展到一定水平为前提的，而在资本主义生产方式下，生产社会化程度又得到迅速的提高，因此资本主义生产本质上是社会化的大生产。社会化大生产要求由一个统一的社会机构对社会生产进行组织、协调，即要求国家有组织的、经常的干预。另一方面，资本主义经济是以私有制为基础的，企业经营的目的是获得最大的利润，因此资本家理所当然地要求对企业的经济活动拥有全部的权利，以市场变量作为企业经营活动的指示器，以企业利润作为目标函数，自由地进行经营，反对国家干预。这种矛盾是资本主义与生俱来的痼疾，反映到经济思想上，就形成了经济自由主义与国家干预主义的分歧。在资本主义发展的历史上，虽然某一时期，一种思潮会占上风，但由于产生这种分歧的经济矛盾没有解决，所以这种分歧是自始至终存在的。可以预料，自由主义与国家干预主义的争论在今后还会进行下去，直到资本主义寿终正寝、退出历史舞台为止。

在今后的一个时期内，自由主义经济思潮会不会取代国家干预主义，重新在西方经济学中占据主导地位？我们认为是不可能的。因为今天西方国家的经济情况与斯密、马歇尔时代相比，可以说已经发生了沧海桑田的变化，生产社会化的程度已非昔日可以同日而语。不仅国内经济已经成为一个不可分割的整体，而且国际经济一体化的程度也在迅速提高。因此，在经济政策上倒退到20世纪30年代以前，放弃国家干预，完全实行自由放任，只能引起资本主义的巨大混乱。另外，今天资本主义国家所遇到的难题，采取自由主义经济政策是同样不能解决的。撒切尔夫人上台后，奉行供给学派、货币主义学说，采取了一系列自由主义经济政策，非但没有解决英国的问题，反而使失业等经济问题变得更加严重，引起朝野上下的强烈反对就是一个明证。

展望自由主义与国家干预主义的争论，可能出现的情况是：两种主张互相补充，互相让步，形成一种混合的经济学。这方面目前已露端倪。如在美国，凯恩斯主义者并不反对用金融政策调节经济；货币主义者也不完全排斥国家干预，弗里德曼曾公开宣称："在某种意义上，我们都是凯恩斯主义者。"

（原载于《自学》杂志1987年第10期）

决定命运的选择
——谈谈日本的产业结构政策

权威的预测为什么落了空

1949年，东京盟军总部的技术专家爱德华·阿克曼曾预言，日本在今后的30年中，如果人口达到或超过1亿，海外援助又不能无限持续下去，日本经济将只能向着仅可维持生存的方向发展。研究世界经济多年的苏联学者瓦尔加当时也断言，同德国一样，日本这个世界强国将可能永远从列强的行列中脱落出来。然而战后日本经济发展的事实无可辩驳地宣布，阿克曼与瓦尔加的预言错了：到1955年，日本经济已经恢复到战前的最高水平，并转入高速增长时期，从1955~1975年的20年间，日本国民生产总值年平均增长率为8.7%，物质生产部门的产值大致翻了两番，成为资本主义世界中仅次于美国的经济大国。

权威的预测为什么落空了呢？

这是因为，阿克曼与瓦尔加是根据日本当时产业结构现状预测日本经济发展趋势的。二次大战前，日本约有40%的劳动力躬耕于田野，工业劳动力中则有40%从事纺纱织布，出口的商品是价廉质劣的“东洋货”，若保持这种产业结构，日本经济发展的前景确实是不容乐观的。问题是，二次大战后，日本政府抓住了产业结构这个对经济增长有决定性影响的因素，根据日本国情与国民经济、技术环境，及时制定了产业结构政策，促进产业结构的合理转换，从而导致了经济的飞跃增长。这一点已成为日本战后经济奇迹的公开秘密之一，引起日本国内经济学界和国外经济学家的重视。日本著名经济学家都留重人1977年在为大西洋国际学会撰写的特约论文《日本经济奇迹的终结》中，干脆做出如下结论：“战后日本经济的发展史，就是其产业结构急剧转变的历史。”

受日本经验的启发，人们一下子破译了许多秘密：结构主义经济学家钱纳里·塞尔昆根据1950年~1970年100多个发达与发展中国家纵向、横断面的统计资料，发现在影响经济发展的诸多因素中，有10个慢变量(协同论认为，在影响系统运动变化的变量中，只有少数几个变量发挥着决定系统变化方向与过程特征的作用)。其中产业结构就是一个慢变量；有人从经济学的角度发现，增长速度快慢，不仅取决于资源总量，更取决于资源的综合生产率，而后者则在很大程度上取决于产业结构状况；有人从系统论的方法入手，用结构对系统整体功能的作用解释了产业结构对经济增长的作用；原本不承认产业政策作用的欧美经济学家，也大声疾呼要制定系统的产业政策，否则也要染上“20世纪英国病”——经济衰落、停滞。

我国正处在经济较快增长和产业结构急剧转变的时代，研究一下日本的产业结构政策，肯定对我们是有启发意义的。

限定与选择：日本主导产业的转换

产业结构政策的最重要内容是确定主导产业。主导产业是指在国民生产总值中所占比重较大，有广阔市场，增长较快并能带动整个国民经济高速增长的产业部门。选择主导产业部门，一方面要根据国内外现实经济条件，诸如一国经济发展水平，需求结构和供给结构，科学技术进步状况，国内市场情况等；同时要在可能的空间内进行正确选择。一般来说，主导产业的选择是有一定风险的，选择正确，会使经济产生大的飞跃；选择失误，则会给经济增长带来长期不利影响。因此，日本政府在确定主导产业过程中，采取了极其审慎的态度。在通产省属下成立了产业政策审议会，发动各方面充分发表意见，提出各种方案，由产业政策审议会对各种方案进行比较、论证，最后提交通产省，由通产省确定主导产业和产业结构调整目标。由于在选择主导产业时，工作做得细致，日本战后几次产业结构转换都比较成功，促进了经济发展。

日本从战后到80年代，主导产业已经发生了几次重大转换，即由战后以轻纺工业为主导产业到以重化工业为主导产业（50年代到60年代中期），由重化工业为主导部门到以汽车、家用电器为主导部门（60年代中期到70年代中期），由汽车、电器为主导部门到以电子工业等高技术产业为主导部门（70年代中期到80年代）。每一次主导产业的转换都使日本抓住了一个机会，给日本经济带来一次新的增长浪潮。

值得指出的是，日本对主导产业的选择过程有两大特点。其一是打破了传统的“比较成本学说”，而基本上遵奉李斯特的“生产力论”，进行主导产业选择。按照李嘉图的“比较成本学说”，一国只有生产成本具有相对优势的产品，才会在国际贸易中得到好处。因此，日本在战后应该以轻纺工业作为主导产业。而按照李斯特的“生产力论”，一国在确定主导产业时，不应该以国际贸易中是否暂时有利为标准，而应该以增强本国经济实力为标准，从本国经济长期增长出发，扶植幼小产业的发展。40年代末、50年代初，日本国内围绕是以轻纺工业为主导产业，还是以重化工业为主导产业展开了激烈的争论。当时的日本银行总裁一万田认为，按照国际分工原则，日本所需轿车和机械产品从美国进口比较有利，日本应重点发展轻纺工业，而不应以机械工业等其他重化工业为发展重点，提出“轿车无用论”。但是通产省官员则认为，发展轿车工业，关系到日本的机械工业及整个工业技术水平的提高，应该以轿车等机械行业为主导部门，通过国家扶持，把它们培育成可以与欧美抗衡的出口产业。这场争论直到1952年通产省制定出“企业合理化诸问题”文件时，才做出结论：“着眼于长远，必须把重工业、特别是汽车等综合机械加工、冶金和化工等工业作为发展出口的主力产业。”

其二是把主导产业的选择放在国际市场的大背景下考虑，主导产业的市场两头都放在国外，主导产业同时是主要的出口产业。日本是一个国土狭小、能源、矿藏贫乏的国家，50年代中期人均国民生产总值只有275美元。如果仅仅从国内需求与供给结构出发，那么以重化工业为主导产业显然是不合适的。正是从这一点出发，当时日本国内不少人对重点发展重化工业表示异议。但是通产省官员认为，如果考虑到国际市场的资源供给结构和需求结构，发展重化工业就是有前途的。更为重要的，只有面向国际市场，使重化工业发展起来，日本经济才能迅速增长，步入世界先进行列。

保证产业结构转换的政策手段

主导产业确定以后，要保证它们得到充分发展，必须对社会资源分配结构进行调整，使主导产业优先得到资金、技术、能源、原材料。在这方面，日本的一些做法是意味深长的。

第一，对重点发展的产业实行扶植，给以财政上的补贴和贷款，利息上的优惠。尤其是对那些国家确定为出口行业的产品，在开始时免税、补贴，支持它们到国际市场上去竞争。

第二，资源分配经历了一个比较曲折的流程。日本主要不是用财政拨款的办法来满足主导产业对资金的需要，而是在国民收入的初次分配中，大部分收入成为企业收入和个人收入，企业收入和个人收入大部分变成了储蓄存款。国家用金融政策引导资金进入主导产业。这样保证了资金利用的高效益，避免了财政拨款造成的浪费，同时保证了资源向主导产业的流动。

第三，充分开展企业竞争，用搞活企业的办法实行产业结构转换目标。产业结构转换要求政府对经济实行干预，以弥补市场调节之不足。日本政府在推行产业结构政策时，一方面注意对主导产业实行保护和扶持，另一方面又鼓励企业开展竞争，扩大市场占有率，提高企业利润水平。尤其是采取外向型政策，使企业面向国际市场，企业虽然得到国家的部分支持，但要生存与发展，主要靠改进经营，提高技术水平，这就始终使企业具有一种压力和竞争意识，保证了资源利用的高效益。

第四，日本不仅有大的产业政策，诸如支持主导产业发展的财政、金融、外贸政策，而且有比较具体的产业政策。如日本 1952 年制定了《工业标准化法》，对重点产品，从设备、工艺、技术、性能、质量到成本，要求与国际最先进水平相比较，要求在一定时间内，达到国际最先进标准。凡是达到法律规定标准的企业，日本开发银行将给予优惠贷款。这种政策大大促进了日本机械工业和其他主导产业部门的现代化。

日本产业结构政策的借鉴意义

如前所述，我国正面临着产业结构的大转换。这一方面是因为国际产业结构正在发生重大变化，必然引起国际市场需求与供给结构的变化。只要我国沿着对外开放的路子走下去，对国际产业结构的变化，就必须做出相应的反应；另一方面我国人均国民生产总值已达到400美元左右，根据钱纳里的分析，国民生产总值达到300~1000美元这个区间，是产业结构变化最大的时期；再者，三十几年来重工业倾斜发展的产业结构政策，造成我国产业结构发生严重偏差，当前大量生产能力闲置。那么，从日本的产业结构政策中，我们是否可以得到一些有益的启发，使我们少走点弯路呢？

第一，由于产业结构调整目标尤其是主导产业的选择有一定的风险，对经济长期发展将产生深刻影响，因此要引起高度重视，组织起由专家、实际工作者和政府官员组成的专门班子，对各种选择进行比较、论证，找出一种最佳的产业结构调整目标，切忌盲目行事。

第二，选择主导产业，既要从当前实际出发，又要考虑产业结构发展的长期趋势；既要立足于国内市场（我国与日本情况不同，不可能把整个经济搞成外向型经济），又要利用国际市场提供的条件。如我国目前资源供给结构的最大特点是劳动力资源丰富，应该大力发展劳动密集型产业。但又要考虑到随着我国人民生活水平提高，对耐用消费品如家用电器、小汽车的需求会增加，消费结构会发生变化，因此要适当发展资金-技术密集型产业；考虑到国际市场初级产品需求收入弹性小，今后需求总量将下降，我们在扩大劳动密集型产品出口的同时，应该加强我国重工业尤其是机电行业的技术改造，扩大机电产品的出口。

第三，产业结构转换的目标是促进经济发展。因此，在调整产业结构过程中，一方面要对经济实行干预，包括采取财政、金融手段，保证主导产业对资源的需求，对主导产业的发展实行一定的保护；同时，要搞活企业，防止垄断的产生，使企业之间开展竞争，使企业产生提高技术水平和利润率的动力，使资源得到有效利用。因此，要实现我国产业结构的有效调整，深化企业改革，增强企业活力是必不可少的前提条件。

（原载于《自学》1988 年第 6 期）

“万国车”和中国国情

回乡务农时，当地老百姓有句顺口溜：“大队干部‘嘣嘣嘣’（拖拉机），公社干部‘130’（运货卡车），县委干部‘帆布篷’（北京吉普），地委干部‘两头平’（上海轿车），中央干部‘三面红旗舞东风’（红旗轿车）。”

与那时相比，现在的情况又有了变化。驻足北京或其他城市街头，“皇冠”、“奔驰”、“福特”、“雪铁龙”，气派非凡，如潮涌来，而国产车的影子几乎看不到。在机关流行的“黑话”里，“丰田”指的是县长、县委书记，“皇冠”指的是地委书记，“奔驰”则是部长们的代称。此种说法未必全对，但我国城市充斥着各种各样的外国汽车，其中不少是高级轿车，则全然是实情。这使人恍如置身于现代化社会，以为中国早已越过“小康”水平，进入发达国家的行列了。可是，摸摸口袋里不多的几张“大团结”，顿生疑惑：中国真富到了坐车都必须是外国车的程度吗？

截至1987年，我国人均国民生产总值(GNP)刚刚达到400美元，在世界上排名100位以后，是世界上最贫困的国家之一。与发达国家如美国、联邦德国等相比，我国人均GNP只相当于人家的1/40。即使到了21世纪中叶，人均GNP达到4000美元，与发达国家相比，我国仍然是比较落后的。由此观之，在相当长的一个历史时期内，我们没有资格与理由大手大脚，而必须提倡艰苦奋斗。那种坐车必须是外国造，冰箱、电视甚至抽水马桶也必须进口的阔佬派头是严重脱离中国国情的。

多少年来，我们一直用资本原始积累过程的残酷与非人道，说明“资本从头到脚每个毛孔都滴着血和肮脏的东西”(马克思语)。但是，我们却忽视了乘坐“五月花号”去到北美大陆的盎格鲁-撒克逊人及其后继者，在新英格兰、在荒漠的西部进行了怎样艰苦的劳动。我们揭露资产阶级生活的荒淫糜烂，以说明资本主义的腐朽，这当然是必要的，但忘记了资本家为了把尽可能多的利润投入生产，是怎样挖空心思的。我们抨击资产阶级政府各种政策的反动性，这也是正确的，但忘记了在经济起飞过程中，他们对本国工业发展所施行的种种保护。

远在1841年，德国历史学派经济学家李斯特就提出了著名的“生产力”理论，指出落后国家必须对民族工业实行保护政策，反对“比较成本学说”，反对大量进口工业品。这种政策主张实行的结果，保证了德国经济的发展，使之在50年左右的时间内由一个落后国家变成了工业强国。往近处说，韩国之所以在70年代作为新兴工业化国家在亚洲崛起，其中一个重要原因，就是韩国坚持反对政府官员的奢侈，坚持只引进国外资金和先进技术，不允许进口小汽车、彩电等耐用消费品。现在，韩国已成为世界上一个重要的汽车、彩电出口国。

我的以上的议论，并不是要说明资本主义制度比社会主义制度优越，而是要告诉人们，一个国家要实现经济现代化，必须在一个相当长的时期内上下齐心，反对奢侈，勤俭节约，艰苦奋斗。

事实上，一些政府官员的奢侈浪费，已经引起了群众的不满，给我国经济建设带来了不良后果。（1）政府部门大量进口、使用外国汽车以及其他耐用消费品，对我国这几年形成的消费膨胀、消费超前，起了诱导和推波助澜的作用。同时，这种奢侈浪费本身就是消费基金膨胀的重要原因。据有关统计资料，1988年社会集团消费达到了1000亿元的巨额。（2）大量进口小汽车、彩电等耐用消费品，耗用了大量外汇，仅小汽车一项，1984~1987年就花了80亿美元。而我国每年出口换取的外汇并不多。把宝贵而有限的外汇用在这些方面，是很不应该的。（3）大量进口高级消费品，严重妨碍我国民族工业的发展。如小汽车，我国年产量不到5万辆，彩电零部件国产化不到50%。所以，为了民族经济的振兴，为了提高党和政府的威信，也为了达到“治理、整顿”的预期目的，渡过难关，我们党和政府的干部，尤其是领导干部，必须以身作则，带头发扬党中央一再提倡的艰苦奋斗的精神。只有这样，才能领导人民完成“四化”伟业。

（原载于1989年7月19日《中华老年报》）

不能把腐败记在改革开放的账上

说起时下的腐败现象，千夫所指，万人痛恨。但是若问产生原因是什么，却是众说纷纭。目前有一种有代表性的说法：“过去虽然也有腐败，但只是个别现象，为什么一搞改革开放，却像恶性肿瘤一样，迅速扩散开来？”言下之意，它是改革开放带来的。对这种观点应该怎么看?

应该承认，腐败现象的产生与改革开放有一定的联系。

过去实行闭关锁国时，我们对资本主义国家的介绍有一定片面性，仿佛资本主义就是失业、唯利是图、腐化堕落的代名词。国门开启后，人们却窥见了资本主义优裕的物质生活：冰箱、彩电、小汽车、空调器、摩天大厦……于是攀比心理起作用了，人家有的，我也要弄到手。于是就有一些人置党的原则、国家利益、政策法律于不顾，或者在涉外活动中，收受人家一台彩电而把几百万元好处让给洋人；或者追求享受，摆阔佬派头，用公家有限的外汇购买小汽车、空调、录像机等；有的人在新旧体制交替中钻改革的空子，如利用权力关系和我国的价格双轨制，倒买倒卖，大发横财；也有的在“创收”的名义下，利用各种权力发财。本来是公对公的事，如果不“意思意思”，事情的结果准会没意思……

但是，我认为并不能由此就得出改革开放必然产生腐败的结论。

首先，如果人们认识到资本主义国家的高度的物质生活水平，是靠人们富有创造性的劳动并把科学技术运用于生产取得的；如果大家都能够以国家利益为重，保持民族自尊心；如果我国的法制比较健全，严惩一切贪污、受贿行为，那么，对外开放只能加快我国经济现代化的步伐，而不会产生一系列腐败现象。同时，我还认为，不能简单地把腐败的产生归结为开放后受了外国资产阶级思想的影响。唯利是图固然是西方资产阶级意识形态的精髓，但是“利”之获得是与勇于开拓、敢冒风险相联系的，是以公平竞争为前提的。而我国目前腐败现象则产生于以权谋私，以身试法。这与其说是资产阶级思想，不如说是封建思想残余和流氓无产者意识的混合物。

其次，我国经济体制改革的最终目标是要建立有计划的商品经济体制。在商品经济体制中，由于平等竞争原则和价值规律的发挥作用，有利于调动人们生产与工作的积极性，有利于防止腐败现象的产生。如果一定要从改革方面寻找原因，那么，只能说是由于我们目前的改革还不够彻底，有些做法甚至背离了改革的最终目标。比如，目前企业虽然有了一定自主权，但是政府部门仍然可以决定企业的兴衰存亡，有决定企业承包基数及上缴利税数量的权力，有任免企业厂长的权力等，这就给某些政府工作人员以权谋私提供了可能性。再比如价格的“双轨制”，毫无疑问给“官倒”的产生提供了条件。所以，我认为要消除腐败，不是停止改革，相反要依赖于改革的进一步深入。

应该着重指出的是，腐败不是一种单纯的经济现象，它的产生原因是多方面的。比如，这几年我们放松了对党员、干部的思想教育，一些人立党为公、为人民服务的观念淡薄了；有的领导人以“产品经济向商品经济转换时期，腐败现象的产生是不可避免的”为借口，对营私舞弊行为过于宽容、姑息；我们的法制尚不健全，并且执法不严。所有这一切，不管有没有改革开放的背景都会导致腐败产生。由此可以得出如下结论：要消除腐败现象，必须在深化改革、扩大开放的同时，抓好党的自身建设，对党员、干部进行为人民服务和艰苦奋斗的教育，严格党的纪律；同时，建立起一套完善的法律制度，坚决打击一切“官倒”、贪污、受贿行为。目前特别需要严肃处理一批大案要案，发动群众与腐败现象作斗争。

（原载于1989年8月2日《中华老年报》，标题是新拟的）

坚决刹住奢靡享乐之风

在50年代初，人们把对社会主义的憧憬概括为“楼上楼下，电灯电话”，也就是说能有楼房住，有电灯、电话用也就满足了。30多年来，即使经过很多挫折，这个愿望在城镇和较发达的乡村已基本实现了。在改革开放的80年代，人们对物质生活的“胃口”就不可“同日而语”了。如今，电视要看“直角平面带色的”，电冰箱要双门速冻的，洗衣机要自动甩干的，照相机要用长镜头的，抽烟也要“进口带把的”。当然，最好还有录像机，小汽车，花园洋房……真叫人眼花缭乱，渴求不已。

人们向往幸福生活，享受现代物质文明，是无可厚非的。随着生产力水平的提高，人们的需求也必然随之提高，这是客观的经济规律。正是由于这种不断产生的新需求，推动了生产的不断发展。如果人们都像孔圣人那位得意门生颜回那样“一箪食，一瓢饮，在陋巷。人不堪其忧，回也不改其乐”，生产就不能发展，社会就无法进步了。我们共产党人之所以要领导人民建设社会主义，并最终走向共产主义，说到底，就是要使全体人民过上幸福美满的生活。

但是，人人皆晓，要使物质生活水平得到提高，必须首先进行踏踏实实的劳动，要有艰苦奋斗的精神。回顾世界经济发展史，任何一个国家的繁荣富强，都有赖于这个国家的全体人民的齐心协力，共同艰苦奋斗。随便举一个例子，第二次世界大战刚刚结束时，德国几乎所有的城市和工业区都变成了废墟，经济陷入了彻底的崩溃，德意志民族受到了惨重的惩罚。当时许多人说，德国从此完了。有一天，一个年轻的战地记者在瓦砾成堆的柏林看到了这样一幅画面：一条由教授、工人、店员等组成的传送带，在一丝不苟地传送着断砖残瓦。队列中，老人的白发随风拂动，儿童稚嫩的嗓音时时响起。这位年轻记者默默地说："德国，没有完！"十几年后，依靠德国人的智慧和艰苦奋斗，德国重新崛起，联邦德国成为西欧经济上最强大的国家。一个国家是这样，一个企业的兴盛也不例外。李·亚科卡到克莱斯勒公司任总裁时，这个公司已到了山穷水尽的地步，必须依赖政府贷款才能勉强维持。为了使公司起死回生，亚科卡提出了“均等承担牺牲”的口号，并把自己的年薪定为1美元，公司在上下共同努力下又东山再起。

中华民族本来是以吃苦耐劳著称于世的，曾经创造了辉煌的华夏文明。中国共产党人继承发扬了这一优良传统，靠上下齐心、艰苦奋斗，我们取得了民主革命的胜利和社会主义建设初期的伟大成就。10年改革开放，虽然取得了经济建设的空前成就，物质生活水平有了很大提高，但是，我们的经济发展水平与发达资本主义国家比，只相当于人家的几十分之一；全国仍有几千万人的温饱问题尚未解决。由于原来的底子薄、人口多，还需要艰苦奋斗几十年，才能跻身于发达国家之列。否则，在竞争激烈的世界中，真有被开除球籍的危险。

可令人痛心的是，近几年来全国上下有不少人丢掉了这个优良传统，认为“现在时代不同了”，不需要再提倡艰苦奋斗了。有人不顾我国的客观实际，盲目追求脱离目前生产水平和劳动生产率水平的“高消费”、“超前消费”。社会上吹的是“吃喝玩乐”之风，比的是“豪华奢侈”之风。放眼看一看，一些地方、部门楼堂馆所越盖越高级，轿车越坐越豪华，旅游点开会办公，公费游览从国内发展到国外，大吃大喝，大手大脚。一些干部，以权谋私，贪污、受贿，腐化堕落，走向犯罪的深渊。最近，反腐败斗争中揭露出的一部分问题，已够触目惊心的了。

所以，在新形势下，重振艰苦奋斗精神，是提倡廉政，反对腐败的需要；是艰苦创业、发展“四化”的需要；是移风易俗，提倡新风的需要。艰苦奋斗没有过时，也永远不会过时。即使实现了四个现代化，物质生活已极大丰富，艰苦奋斗的党风、政风、民风，还是一个无价宝。

（原载于1989年8月16日《中华老年报》，题目是新拟的）

请给子孙 后代留条生路

经济改革的大潮猛烈地冲击着传统的经济体制，商品经济的洗礼使劳动者变得聪明起来。几千年来被束缚在土地上的农民，纷纷办起了各类企业，一场经济开发的热潮正在全国兴起。

但是，在经济开发过程中，也产生了一些令人忧虑不安的现象：小煤矿、小铁矿、小金矿等无限制发展，对资源实行掠夺性开采；在人口不断增长的同时，农田却在急剧减少；河流污染，森林被砍伐，鱼虾鸟兽有可能失去生存的天堂；“江南三月，草长莺飞，杂花生树，落英缤纷”的田园风光正日渐被破坏……一个现实的问题摆在我们面前，经济开发应遵循什么样的原则？要不要考虑生态平衡、长远利益和社会效益？

“地大物博、人口众多”，这是过去人们对中国国情的概括。然而，我们过多地为“地大物博”而自豪，似乎自然资源是取之不尽、用之不竭的，忽视了“人口众多”这一方面，不懂得如果从人均资源占有量来看，我国的资源并不丰富。我国农村劳动力平均每人只占有耕地 3.7 亩，不仅大大低于美国、加拿大、前苏联、澳大利亚、西欧诸国，而且低于印度的水平；我国铁矿蕴藏量虽然比较丰富，但富矿较少，需要从澳大利亚等国进口矿石。由于对我国资源拥有状况缺乏真正的了解，对资源开发布局缺乏总体规划，近年来在城乡经济开发过程中，伴随着严重的资源浪费和破坏现象。

为了我们民族的未来，为了给子孙后代留下一个协调、完善的生存空间，在经济开发中必须注重社会效益和长远利益。因此，要在全国开展国情教育，教育人们在经济开发过程中以长远利益为重，反对急功近利、涸泽而渔，反对从个人利益或小集体利益出发，对自然资源实行掠夺性经营和野蛮开采。要发挥法律和执法机关的作用，对破坏资源的行为严厉惩处，严重的要给予刑事处分。只有这样，才能使有限的资源得到合理的利用，发挥最大的效益，促进社会主义经济建设事业的长期、稳定发展。

在城乡经济开发过程中，当经济效益与社会效益发生矛盾时，或者通过技术革新、技术改造消除开发项目对环境的污染及危害，或者撤销这种项目。总之，不能为了一时一地的小利而贻误子孙后代。有一种错误看法，认为资源浪费和掠夺性开发是经济开发过程中不可避免的。我国是社会主义国家，发展经济的目的是提高人们的生活水平，再加上计划经济的优越性，应该而且也有可能避免这种现象的发生。所以，从现在起，要积极行动起来，使我国经济开发沿着正确的轨道前进。

（原载于1990年3月22日《城乡开发报》，题目是新拟的）

一、什么是“东北现象”

“东北现象”不是说的东北人体格魁梧，侠肝义胆，古道热肠；不是说的关东山三大宝，“人参、貂皮、靰鞡草”，以及那甩手无边的黑土地。这里所说的“东北现象”是一种特殊的经济现象：改革开放以前，东北三省从农业看是我国一大粮仓；工业上，由于50年代苏联援建的156项重点工程中的相当大一部分集中在这里，东北三省成为我国最大的重工业基地，令国人引以为自豪的钢都鞍山、煤都抚顺、汽车城长春、三大动力、大庆油田、第一重机厂都在东北境内。所以，无论是农业总产值，还是工业总产值在全国都高居前列。东北曾是中国走向农业现代化、工业现代化，走向富裕与强大的希望。然而，近十几年，相对于其他地区，东北三省的经济实力、经济发展水平以及在全国工农业总产值、国民收入中的比重，都有明显的下降。与此相伴，人才的流向也改变了，闯关东的人流不见了，代之而起的是“南海潮”，“孔雀东南飞”。简言之，“东北现象”指的是近十几年老工业基地的相对衰落。进一步说，还指原来技术设备先进的国营大中型企业的相对衰落。由此说来，“东北现象”并不局限于东北，上海、天津等工业城市也存在同样情况。

研究经济问题不能动感情，而要凭理性。“我决不用玫瑰色描绘资本家和地主的面貌。”马克思老人如是说。你说老工业基地相对衰落了，拿出事实来。1981年，辽宁、上海、江苏、广东、浙江的工业总产值分别是: 451.36亿元、608.70亿元、465.69亿元、250.36亿元、213.67亿元。10年以后，到1990年，以上所举省市工业总产值分别为1606.93亿元、1632.94亿元、2764.10亿元、1906.24亿元、1432.55亿元。从这两组数字中又可以计算出他们这10年间的工业发展速度等指标。“东北现象”是否存在，读者去做结论好了。

二、“东北现象”是怎样产生的

现实生活中存在着一种“马太效应”。经济领域也不例外——经济发展基础越好，投入的资金发挥的效应越好。因此，经济发展基础越好的地区，越能吸引投资，经济发展速度就越高。用一句通俗的话说，愿意锦上添花的多，愿意雪中送炭的少。这样说来，“东北现象”是不应该发生的。但是，事实上这种现象发生了，这又该如何解释呢？

原因在于这些年国家采取的倾斜政策。这种倾斜政策包括两方面的内容。一是国家在取与予上的地区倾斜。一直到目前为止，各个地区向中央财政的上交额，是以各个地区原来上交的数额为基础的。原来的工业发达省份向中央财政上交的多，并且上交额是随着生产规模的扩大递增的。而原来工业较不发达的省份，即使近年来工业有了较大的发展，上交额仍维持在原来的较低水平。如上海市1990年向中央财政上交的包干基数为109亿元，辽宁为52亿元，广东为23亿元，浙江为38亿元。而从1990年工业总产值的数字看，广东已超过了辽宁与上海，浙江也接近了辽宁与上海的水平。要知道，1978年前确定的各省上交中央财政的基数，是以高度集中的计划经济体制为背景的，没有为地方留下多少自我发展，自我改造的余地。所以，原来的老工业基地是在一天天吃老本，谈不上什么大的发展。而近年来经济上崛起的省份，却有较充足的资金用来扩大再生产，改造原有设备。这就无怪乎它们的经济发展速度要远远高于老工业基地了。二是政策上的倾斜。所谓政策上的倾斜，有的直接等于给钱，如减免各种税收。有的属于松绑，即允许在体制改革上先行一步。切莫小看这一点，它对经济发展的促进作用比直接给点钱不知要大多少倍。依我看，广东、深圳近10年经济上之所以如此快，政策上的后一种倾斜似乎起着更重要的作用。

三、“东北现象”是与非

依我看，“东北现象”缺乏经济上的合理性。

首先，老工业基地和原有大中型企业是国家财政的主要来源，如果任其衰落，国家财政会更加困难，国家调控宏观经济的能力会进一步削弱，教育、科学、文化等社会公共事业发展所需要的资金将更加没有保证。据统计，国家财政收入的70%来自国营大中型企业。从地区来看，绝大部分来自原来的工业发达省份。如上海市上交的税收约占国家财政收入的1/10。国家如果继续采取只取不予的做法，用不了几年，就会出现以上所论的结果。

其次，从产业结构变化的趋势来看，“东北现象”也是不合理的。在老工业基地的经济结构中，主要是能源、原材料、重型机械制造等上游产业和化学、电子等新兴产业，这些都是我国产业结构中的薄弱环节，是今后应重点发展的。因为原有工业基地的衰落，必然导致基础产业的发展落后于加工工业的发展，造成短缺与过剩并存，资源严重浪费，经济效益下降。

第三，从投资效益来看，“东北现象”也不符合经济合理原则。我国经济处于发展过程中，新建一些企业，进行外延扩大再生产是完全必要的。但是，从投资效益来看，通过对原有企业进行技术改造，搞内涵扩大再生产，投资少，见效快，经济效益要远远高于投资建新项目。近年来，我国工业资金利润率逐年下降，其中一个重要原因就是对老工业基地挖得太苦，使它们无力进行改造。现在已经有人认识到了这一点，但愿有更多的人对此有正确的认识。

第四，从改革所要达到的目的来看，这种现象是不符合改革的根本要求的。我国经济体制改革的一个目标，是要建立一种平等竞争的机制，以调动各方面的积极性。“东北现象”的产生，一些省份经济的崛起，并不是在平等的条件下，由各地工作水平的高低、努力与否引起的，而是政策倾斜造成的。这样做是不符合改革要求的。因为改革是要建立全面竞争的机制，不仅个人之间要平等竞争，企业之间、地区之间也要平等竞争。在地区间实行政策倾斜，显然是通过行政手段削弱了竞争机制。它的直接结果，是严重挫伤了老工业基地、老企业的积极性，其远期后果是为今后的改革增加了阻力。事实上，政策倾斜是政府调节经济的一种重要手段，是允许使用的。但是，通常的做法是在行业间实行政策倾斜，而在地区间实行政策倾斜，则鲜有所闻，因为这样做有弊无利，或弊大于利。“东北现象”从一个侧面告诉我们，我国政府调控经济的能力是亟须提高的。

四、如何消除“东北现象”

第一，从中央决策部门的角度来看，要提高对经济运动规律的认识，把老工业基地和原有大中型企业的发展摆在应有的位置。在社会主义制度下国家对国民经济发展施加着重大影响。如果按照经济规律办事，这种对经济的干预是有利于经济发展的，否则将对经济发展产生不良影响。这就给中央决策机构提出了认识经济规律，从而使决策更加符合经济规律要求的任务。“东北现象”之所以产生，从认识上找原因，就是因为决策机构对产业结构运动规律、再生产规律、经济效益规律以及商品经济条件下的竞争规律等缺乏正确的认识，因而对东北、上海等老工业基地的地位、作用认识不足，采取了不利于它们发展的政策，已经或正在造成巨大的经济损失。

第二，迅速改变不合理的倾斜政策，为老工业基地焕发青春创造条件。由于几十年来没有进行过重大改造，现在东北三省、上海等老工业基地的国营大中型企业，大部分处于厂房破旧、设备老化、工艺落后、消耗居高不下的状态。如辽宁省有976个大中型企业，在过去10年得到系统或局部改造的仅有280个。所以，现在大声疾呼救救东北、救救上海绝不是耸人听闻。要使老工业基地恢复活力，重新崛起，一是要改变只取不予的做法，一定要给它们留下一定的财力，用于企业技术改造。如果继续采取涸泽而渔的做法，少则三五年，多则10年，结局将不堪设想。二是要在全国大力深化改革的同时，允许老工业基地的改革先行一步，使企业和地方政府冲破束缚，放手发展生产力。

第三，老工业基地的政府与企业要发挥主观能动性，通过卓有成效的工作，实现老工业基地的振兴。天助自助者。不应该坐等中央给政策，而要在现有条件下，想方设法促进当地经济的发展。我看应采取以下措施。其一，要解放思想，加快改革步伐，解放生产力。这包括两方面的内容：一是在看准了、条件具备的情况下，大胆推出新的改革措施，这是中央允许的，如建立企业集团，加强横向联合；打破“大锅饭”、“铁饭碗”，搬掉“铁交椅”等，都可以大胆试点，取得经验后，全面推广。二是真正贯彻落实企业法。企业是经济细胞，企业活了，经济就会活起来，老工业基地就会焕发出生机与活力。其二，原来工业基础雄厚，这是东北、上海的优势，要利用这个优势，重视内涵扩大再生产，集中有限的资金，进行原有企业的技术改造、设备更新，争取3～5年内使大中型企业都得到改造。只要这些大中型企业返老还童了，老工业基地的经济发展水平就会大大提高一步。

（原载于《党风月报》1992年第6期）

是爱国，不是卖国

闭关锁国几十年，听到的是，“敌人一天天烂下去，我们一天天好起来”，“世界上还有三分之二的人民生活在水深火热之中”。一句话，资本主义是地狱。相反，“风景这边独好”，社会主义中国到处莺歌燕舞，荷塘月色。一句话，社会主义是天堂。然而海禁一开，中国人发现，资本主义国家一面是吸毒、卖淫、欺诈等丑恶现象，另一面则是汽车、空调、摩天大楼、海滨别墅——高度发达的物质文明，我们的经济大大落后了。

在这种情况下，以邓小平同志为代表的中国共产党人认识到这样一个道理：如果中国不能在一个不太长的时期内赶上并超过发达资本主义国家的经济发展水平，使人民生活得到较大改善，任凭你舌灿莲花，说破大天，人们也不会相信社会主义比资本主义优越。因此，中国共产党和中国人民的头等大事就是发展生产力，把经济搞上去。中国搞现代化面临两大困难：一是建设资金短缺，二是生产技术与管理技术落后。为了克服这两个困难，邓小平同志和党中央在提出改革的同时，确定了对外开放的方针大计。其中一个重要内容就是千方百计地利用国外资金和引进先进技术。为了吸引外商到中国投资，近年来各地纷纷实行减税、免税、转让土地使用权等优惠政策。就说转让土地使用权，较大规模的有海南的洋浦、上海的浦东等，规模小些的有沈阳的太原街等。对这些政策，大多数人理解，也有少数人想不通，中国搞了几十年民主革命，其中一个伟大的胜利是把帝国主义逐出了国门。现在又把洋人请来开工厂，剥削中国人，卖土地给外国老板，在中国建立新的“租界”，这不是卖国是什么？难道先烈的血白流了吗？慷慨激昂，捶胸顿足，眼泪流尽，继之以血。

1840 年到 1945 年的 100 多年间，中国屡遭外敌入侵，中国人受尽了帝国主义的欺侮。这 100 多年的历史，是血与泪的历史。对此，中国人记忆犹新。因此，把人们对吸引外资和国外技术的一些做法的不理解，简单地斥之为无知或极“左”，显然是简单化的做法。然而，用优惠政策吸引外商投资是不是卖国，则是原则性的问题，必须搞清楚。

首先，外国人到中国开工厂、搞开发，都必须遵守中国的法律，接受我国政府的监督，这与旧社会外国人享受“治外法权”，建立“国中之国”的情况是完全不同的。

其次，外国人到中国办企业、搞开发，毫无疑问是为了赚钱，必然有剥削。问题是，如果不赚钱，人家也不会来中国投资。我们不能要求外国人也像共产党员那样有觉悟，何况共产党员也要搞商品经济，也要讲经济效益呢。世界上的事情都是利害相连的，明智的做法是权衡利弊，利大于弊，就要去干。用优惠政策吸引外商投资，固然要消耗我国的资源，外国人还要赚走一些钱，但是对我们好处还是主要的，如：可以吸收大量劳动力就业，有助于解决就业问题；从“三资”企业可以得到税收收入，壮大我们的经济实力；可以学习国外先进的生产技术和管理技术；利用外商的销售网络，扩大我国产品的国际市场；在与“三资”企业的竞争中，增强我国企业的市场意识和竞争力等。所以，用优惠政策吸引外资，是利国利民之举，是爱国，不是卖国。

是办法，但不是最好的办法

采取减税、免税、转让土地使用权等优惠政策吸引外商来华投资，绝不是卖国，这种办法是完全可以用的。但是，这并不是说它就是最好的办法，不可以对它评头论足。

首先，用市场经济的眼光看问题，潜在的、没有加以开发利用的资源，不会带来收益，不构成经济学意义上的资源。中国拥有丰富的劳动力资源和自然资源，但由于资金不足，技术落后，大量资源不能进入生产过程，白白地闲置着。用优惠政策可以吸引一定的外资，把这些闲置的资源利用起来，对我国经济起到了一定的促进作用，这一点必须承认。

其次，用优惠政策不是唯一的可以吸引外资的办法，甚至不是最重要、最好的办法。这是因为：第一，外商是否愿意到中国投资，关键是看利润前景怎样。如果投资环境不好，到中国投资不会有什么利润，即使免税，外资也不会来。如果投资环境好，预期利润前景好，即使不减税、免税，外资仍有利可图，就会争先恐后地来华投资。第二，在许多西方国家，都有特殊的纳税规定，如果海外投资者在所在国已纳过税，汇回本国的利润就可以不纳税；反过来，如果海外投资者在所在国没有交税，除非两国政府之间事先有协议，汇回的利润必须在本国交税。所以，中国对某些国家的在华企业免税、减税，减免的不是企业的税，等于对其他国家政府免税，因而对海外私人资本并不具有什么吸引力。第三，对外国投资者给予种种优惠，与国内企业享受不同的待遇，不利于国内其他企业与“三资”企业公平竞争。党的十四大提出我国经济体制改革的目标是建立社会主义市场经济。市场经济的基本特征之一，就是要使企业处在同一起跑线上，充分发挥竞争机制的作用。因此，对外商的优惠政策，从本质上说是与市场经济的要求相违背的。第四，对“三资”企业和国内其他企业实行差别政策，会为营私舞弊创造条件。比如，有的地方一些企业为了挂上“三资”企业的牌子，享受各种优惠政策，把自己的外汇转到港澳或国外某公司的账户上去，再以外国公司的名义与国内合资。外国公司则可以按比例收取一定的手续费（通常是款项的 1%），坐收渔利。这种自己人糊弄自己人，肥水外流的怪事之所以发生，固然可以谴责当事者不顾国家利益，发现了还要给予处罚，但是差别性政策也是难辞其咎的。

国际比较研究表明，近年来崛起的新兴工业国家、地区，在经济发展过程中，主要是把力量用在改善投资环境上，并没有给外国投资者什么优惠，却也吸引了大量外资。因为外国投资者到相对而言比较落后的国家投资，看中的是这些国家有广阔的市场，便宜的原材料和劳动力，投资有好的利润前景，而主要不是冲着优惠条件来的。比如，台湾为了促进经济发展，鼓励投资，制定了一个鼓励投资条例，对台湾人、外国人同样优待，起到了扩大建设资金的作用，又没有产生消极的副作用。这是值得我们借鉴的。

把力气用在改善投资环境上

一个国家是否对外资有吸引力，关键在于投资环境的好坏。当然，一个国家的投资环境由坏变好，需要做长期的、艰苦的努力。而实行减税、免税，以优惠条件转让土地使用权，则是比较容易做到的。只强调政策优惠，忽视改善投资环境，实际上是避难就易。但这样做的结果，并不能从根本上解决问题。所以，为了吸引更多外资，要真正把力量用在改善投资环境上，而不要搞盲目竞争：你优惠，我比你更优惠。这一方面不能真正形成对外资的吸引力，另一方面也会损害国家利益与人民利益。

要改善我国投资环境，要在以下几个方面下功夫：（1）

外资、合资企业的审核、批准手续要简化。不要搞多头管理，公文大旅行。这样会把外商气跑、吓跑。另外还应该向外商提供各种必需的资料、信息，比如国家希望发展什么，希望哪一类企业来投资，搞多大规模等。（2）加强基础设施如水电供应、交通运输、邮电通讯的建设。这种建设的重要性是不言而喻的。因为国际市场风云变幻，需要及时了解、传递信息，做出决策，及时组织运销。这些条件不具备，外商是不敢来投资的。有人说，中国搞基础设施没有钱，我认为问题不在这里。问题在于钱往哪里用，到哪里去筹集资金。比如，补贴企业亏损的钱是一个巨大的数额，用来搞基础设施建设，可以干许多事；利用民间投资搞基础设施建设，建成后由政府统一管理，使用者要交费，给投资者分利；用同样的办法，也可以吸引外资搞基础设施建设。（3）发展教育事业，加强对劳动者的培训，保证有较高素质的熟练工人和水平较高的管理人员。（4）保证外国投资有可靠的法律保障。这里包括外商获得的利润可以自由汇回本国；可以自由地、安全地撤回投资；可以较容易地获得土地的使用权；外资企业不会被国有化，即使实行了国有化，也要给予合理的补偿，如此等等。

（原载于《党风月报》1992 年第 12 期）

『共产党说话要算数』

——关于『白条现象』的思考

一

一位乡下老汉进城办事，半天找不到厕所。寻一僻静处，瞧瞧四下无人，解决了问题。活该老汉倒霉，正巧被一位路过的卫生监督人员看到，将老汉解送到单位，报告了所长。所长听后，非常恼火："随地吐痰，罚款5元。随地大小便，污染面积大得多，罚款50元！"老汉二话没说，从怀里掏出一张纸条："这是俺昨天卖粮后收到的白条，金额200元。扣掉该罚的50元，请找俺150元。"所长听了，一时不知所措。过了一会儿，挥挥手说："去吧，去吧！念你是初犯，这次就算了，下不为例！别忘了，下次带现款！"

这是我从饭桌上听来的一则"小笑话"。然而听罢众人哄笑，我却笑不出来。生活中的白条现象可不是什么小笑话，而是蔚然大观。

大约是从 20 世纪 80 年代末开始，有些地方在收购农民的粮食时，不付给农民现钱，而是给一张白条，写明金额，什么时候兑换成现钱，听候通知。老实巴交的农民虽然不愿意，但想可能这类事只有这一次，只好揣着几张白条回家。谁料想，自那时以后，卖粮打白条竟成了常规，而且范围越来越大，拖欠日期越来越长。于是农民不干了，采取各种方式提出自己的抗议：有的公开不交公粮，有的交完公粮，将白条当场撕碎，扔到粮食部门工作人员的脸上，然后责问："共产党说话还算数不算数？"

其实，共产党说话是算数的，交公粮付现金理所应当。对给农民打白条的做法，国务院早就提出了批评，并且一再指示各地，一定要把粮食和其他农产品收购资金真正落实，不许再出现打白条的事。然而，1992 年秋粮收购中，许多地方照样给农民打白条，歪嘴和尚把党的政策这本真经念歪了。

白条子不单是在粮食和农产品收购中出现，近两年又向其他方面蔓延。有的地方，教师一连几个月拿不到工资，只能拿到几张白条。如去年报载四川省南充地区的中小学教师连续半年没有领到工资。有的地方干部也不能按月领取工资，生活失去了保障；有的地区，收到了汇票，去邮局却取不出钱……

我把这类现象统称之“白条现象”。

二

时下聪明人做文章，讲究不左不右，不温不火，走中庸的路子。然而，在评论“白条现象”时，笔者实在无法“中庸”，因而，也做不成聪明人。

读大学前，我是种田人，知道种田人的甘苦。现在农民的日子当然比十几年前好多了，但是，每颗粮食仍是农民面朝黄土背朝天、汗珠子落地摔成八瓣换来的。而且种田人的日子仍然是艰难的。农业生产资料如化肥、农药的价格不断上涨，一年辛辛苦苦，不算人工，目前种田是赔本的。交售粮食，你再给他打白条，让他哪来的种粮的积极性？事实上，在有的地方，已经有农民宁愿让土地撂荒，自己出去做工、做买卖，用钱买粮交公粮。可是如果农民都不愿种田，到哪里去买粮？日后人吃什么？

这些年党的富民政策确实给农村带来了繁荣，但有的地方的一些做法也严重损害了农民利益。平价化肥不兑现，供应的柴油被私分，引起了农民的不满。陕西农民做了一副对联反映了这种情绪，上联是“平价化肥你不给”，下联是“合同定购我不卖”，横批“政府莫怪”。在市场上供应的生产资料中，有的是假药、假化肥，农民花了钱，买了假货，误了农时。近年来，各种提留、摊派，名目繁多，有的地方农民为了交提留，不得不把耕牛、拖拉机卖掉。由于以上原因，使农村中的党群关系日渐紧张。我在福建调查时，建阳县的一位乡长告诉我："我们现在到村里去是不受欢迎的。农民说，现在的干部来村里两件事：不是要钱，就是要命(计划生育)。"如果“白条现象”再长期得不到解决，无疑是给已经非常紧张的干群关系火上加油，雪上加霜。

一位记者在襄樊官庄村问一农妇白条能兑现否？她说：“啥叫兑现，白条换成了存款单，去取款时信用社又说没钱给，眼看年三十了，想扯一块布做新衣服都没钱。”

久而久之，农民手里握得发了黄的白条仍不能换成人民币，自然牢骚满腹。他们说：说咱富了也有道理，手里的条子早晚能变钱，说咱比以前穷也没错，政府不给你把白条兑现成钱，还不是穷光蛋一个。一记者听襄樊保康县赵姓农民说："我们 3 年才吃了 1 斤猪油。"一家商店店主说："村里 2000 多人，今年春节前后销售额才 1020 元，平均每人 5 毛钱。"

农民挣钱不容易，不及时兑现，长期拖欠，会直接使广大群众对地方政府失去信任，对党的政策产生怀疑，这可以说是某些地方抗交公粮、抗税的原因之一。

人民教师是阳光下最光荣的职业，然而也差不多是最寒酸的职业。"家有隔夜粮，不当孩子王。"说教师吃的是草，挤出来的是奶，怕不过分。如果连草也不给吃——工资也打白条，有什么理由要求他们呕心沥血、为祖国未来的大厦培育参天大树？事实上，近年来教师扔下教鞭，离开讲台的越来越多了。据报载，广东 1987 年有近 2000 名中小学教师离开了教学岗位，1991 年又有 4600 多名中小学教师去另谋生路。湖南怀化地区 1990 年到 1991 年 9 月，有 400 多名教师改行，其中 307 人具有专业职称，大部分是中小学校长、教导主任、教研组长、班主任和优秀教师。面对这种情况，有哪一个真正关心祖国未来的人会无动于衷呢？

三

令人不解的是，改革开放十几年，中国经济获得了巨大发展。这一点不仅从公开的统计数字可以看到，人们也能亲身感受到。那么，为什么经济发展了，反而弄得政府到处打白条呢？让我们作点分析。

1989~1991 年发生的收购农民粮食打白条的怪事，与当时实行“治理整顿”政策有关。1988 年以前，我国经济增长速度过快，基建规模过大，消费增长幅度超过了经济增长速度，因而到了 1988 年，在全国各大城市发生了抢购风潮，物价大幅度上涨，银行门前排起了长长的提款队伍，经济秩序一片混乱。为了创造一个安定、正常的经济环境，控制物价的不正常上涨，国家采取了财政、货币“双紧”政策。这样做本来是正确的。但是，后来又出现了问题，不管是否应该紧缩的，都实行紧缩。这样，当时在紧缩银行贷款时，把收购粮食和其他农产品的贷款也紧掉了。结果，粮食部门没有资金支付农民的粮食款项，只好给农民打白条。

1992 年各种白条的出现，其原因在于 1992 年上半年开始的经济高速增长。1992 年年初，邓小平同志在视察南方时指出，中国经济应以更高的速度发展，能发展得快一点，就不要人为地阻挡。这种思想毫无疑问是正确的。但是，经济发展的速度多高，是由客观条件决定的。各地经济发展条件有很大差别，体现在经济发展速度上，应有所不同。然而，一些领导同志见人家经济发展多快，他也要搞多快，人家上了多少项目，他也要上多少项目。结果基建规模搞得过大，出现了资金缺口。于是，有关方面就把农产品收购资金以及一部分工资资金挪用来搞基建。因此，到了收购季节，粮食部门还是没有钱支付给农民，只好打白条。

四

根据以上的分析可以看出，要消灭“白条现象”也难，也不难。说不难，因为白条的出现是个政策问题，国务院发一个通知，规定必须把粮食收购资金备足，并且不准挪作他用，各级政府遵照执行，问题也就解决了。说难解决，是因为此类现象的发生，不光是个政策问题，还有更深刻的经济原因。那就是有的领导不尊重经济规律，喜欢凭主观意志办事，并且习惯用行政手段解决经济问题，犯了决策方面的错误，谁也不用负责任，受处罚。因此，要建立起一种对决策者形成有力的约束，使他们不敢主观武断地作出决策，作出错误的决策就要负责任的经济体制，这是一件困难而长期的事情。只要这个问题解决不了，“白条现象”消灭了，还会产生“红条现象”、“黄条现象”。所以，要使中国经济走上健康发展的道路，不能就事论事，头疼医头，脚疼医脚，而必须致力于中国经济体制改革，尽快建立起社会主义市场经济体制。

除此之外，还要按照市场经济的要求，用法律规范人们的行为，在政府与企业、个人之间建立一种契约关系，并受到法律保护。在这种契约关系中，政府与个人都要承担义务、享受权利，谁单方面违反契约，都要受罚。比如，农民有义务交售粮食，政府有义务提供一定的生产条件，支付粮食款项。政府违约，农民就可以拒绝交售粮食，自己到市场上去出售。

（原载于《党风月报》1993年第4期）

要发财，快『下海』

随着商品经济的发展，人们似乎一夜之间明白了钱的重要性。人穷志短，马瘦毛长。先驱者们鼓鼓的腰包明白无误地告诉中国人，“下海”才能致富。于是，960万平方公里的土地上兴起了“下海热”。电视剧《编辑部的故事》中那位“余主编”，尽管有不少毛病，但却是一个大智大慧之人，时有惊人之语。最精彩的还是演员侯耀华自己加的那句台词，“钱不是万能的，没有钱却是万万不能的”，使多少人醍醐灌顶，拍案称绝。

但是，这话要是在5年前或者更早的时候由电视剧、电影中的人物说出来，这部作品十有八九要受批判。因为中国人特别是官僚、士大夫在口头上历来是极其鄙视钱的。

我们那位至圣先师孔老夫子就是声称讨厌钱的，“君子喻于义，小人喻于利”，爱钱的是小人，不爱钱的是君子，泾渭分明，一目了然。

史有记载，中国历史上有一些迂夫腐儒，是至死不言钱的。你把钱置于床前，使他无处下脚，急得他大喊，快把这些“阿堵物”搬走！

毛泽东1925年12月在《中国社会各阶级的分析》中，给一心想发财的小资产阶级画了一幅绝妙的漫画：“这些人发财观念极重，对赵公元帅礼拜最勤。他们看见那些受人尊敬的小财东，往往垂着一尺长的涎水。”一句“垂着一尺长的涎水”，厌恶与轻蔑，溢于言表。随着雄文四卷的传播，对金钱的厌恶与轻蔑也传染给了广大中国人民，“赵公元帅”的知名度比封神榜上其他各路神祇要高得多。

不过，在存在货币和商品交换的社会里，即使是道德高洁的大人先生，也是离不开钱的，因此他们骨子里也是爱钱的。孔夫子“食不厌精，脍不厌细”，“割不正不食”，如何维持这在当时算是相当奢华的生活？除了每年每个弟子要交10条干肉的“束脩”，还需要各国国君、诸侯的赞助以及作为大富商的弟子子贡的供养。

“三年清知府，十万雪花银。”老百姓对这些搜刮民脂民膏无所不用其极的封建官吏是极其痛恨的。有一则古代故事描写道：有一个贪官在一个地方任满，老百姓载歌载舞，并给他送上一块匾额曰“天高一尺”，意即地皮被他刮去了一尺。《儒林外史》还描写了这样一则故事：一位秀才抢了小孩手中的一枚铜钱，小孩向他要，他一口吞下，抵死不给，结果被活活卡死了。临死之前，又告诉儿子，死后把他的肉卖掉。卖肉时别忘了喉咙里还卡了一枚铜钱，叮嘱再三，说罢才撒手归天。

在“文化大革命”中，那些“最最革命”的理论家，大批“资产阶级法权”，大批商品、货币，“宁要社会主义的草，不要资本主义的苗”，革命口号喊得震天响，结果国民经济濒于崩溃边缘，国民生产停滞不前，国家与个人手中的钱是少了，似乎比以前更革命了。然而，对于他们来说，革命却是给他们带来了高官厚禄，锦衣玉食，对广大人民群众来说，革命却不能代替吃饭，不争气的肚子老是咕咕乱叫，人民群众就再也没有兴趣跟着他们高喊革命口号了。在那个动乱年代，不少落后地区的农民手中拿着生产大队革命委员会和党支部盖过章的介绍信四处讨饭；有的农村基层干部被迫无奈，带领村民集体外出要饭。我还记得，在70年代，家乡不少光棍去四川买妻。最便宜时，用100块钱、甚至50斤全国粮票就可以从四川领回一个黄花闺女。于是，有的人看到去四川买姑娘有利可图，就干起了拐卖人口的营生。现在，在我的家乡仍有不少当年从四川买回的姑娘留下来，生儿育女，再也不回天府之国了。目前在我的家乡，拐卖人口的犯罪活动依然非常猖獗，有的人贩子甚至把越南女人、国内大学的研究生拐骗来，大概仍是“文革”拐卖人口浪潮的余波。

真理是朴素而简单明了的。从这个意义上说，每一个普通人都可以成为经济学家、哲学家。经过那场“文化大革命”，打开国门看西方，普通的中国人都认识到，金钱并不是“万恶之源”。只要钱来路正，挣钱越多，说明人的本事越大，劳动的价值越高。于是，改革开放以来，中国人不再讳言钱，不再扭扭捏捏、假模假式地说“钱算什么东西……相反，带钱字的口号叫得越来越响了。如深圳人喊出的“时间就是金钱”，还有“抬头向前看，低头向钱看；不会向钱看，就不能向前看”等口号，不胫而走，日益深入人心。

十步之内，必有芳草；十室之邑，必有忠信。中国不乏智者、勇者。子曰：“勇者不惧，智者不惑，仁者不忧。”早在六七年前，就有一批智者、勇者参透玄机，甘冒风险，扔掉“铁饭碗”，端起“泥饭碗”，到商品经济的大海中去弄潮，干起经商、实业开发等营生。几年下来，大部分人都发了，挣了一个“金饭碗”，资产几十万、几百万、几千万，甚至上亿的富豪在中国已不是新闻了。“万元户，不算富；十万元，不算钱。”这些赚足了钱的大款们，出行以汽车代步，身穿皮尔·卡丹，手拿“大哥大”，出入星级宾馆，一顿饭花掉几千元，眉头都不皱一下。这些第一批敢于下海、敢于吃“螃蟹”的先富者，不管原来是什么来路，在商品经济的海洋中，简直如鱼得水，活得潇潇洒洒，扬眉吐气。

而随着计划经济的“大陆”一点点隐去，市场经济的“海水”汹涌地漫上来，端“铁饭碗”的人们日益觉得不自在。

还是那句话，金钱的确不是万能的，但在商品经济的社会里，没有钱是万万不能的。想活得像个人样，你就得有钱。要想有钱，你就得“下海”。

（本文收入《名人侃“下海”》一书，中国广播电视出版社，1993年11月第1版）

近年来，中央加大了反腐败力度，严厉惩处了一批腐败分子。然而，腐败分子就像韭菜，割了一茬又长出一茬，腐败问题似乎还有愈演愈烈之势。

对这种现象可以从多种角度进行分析。如果从经济学的视角研究，我以为当今中国腐败成本太低、反腐败成本过高，是腐败病灶久治不愈的重要原因。

对政府公职人员腐败行为的经济学分析

先来分析腐败产生的经济根源。为了研究这个问题，让我们先引进一种新的经济理论。20世纪60年代，以贝克尔为代表的一批美国经济学家创立了“公共选择理论”，运用经济学的概念和方法研究政府行为和政治家的行为规律。他们认为，经济学关于“经济人”的基本假设也适用于政府公职人员。公职人员也是人，他们同样会根据现实的约束条件，依据利益最大化原则作出理性选择，来决定做什么、不做什么，从而使自己获得最大的利益。当然，这里的利益除了经济利益，还有其他形式的利益。比如，对于官员来说，追求连选连任，留下值得自豪的政绩，这里追求成功也是一种利益；有的宁愿过着清贫的生活而决不损公肥私，是希望留下清廉的名声，这里名声也是一种利益。传统政治学理论认为，政治家是为大众服务的，他们做出的决策和所有行为，都是与大众利益相符合的。公共选择理论却明确告诉人们，政治家也有自己的利益，他们也是靠不住的，同样有可能为了个人利益最大化，而牺牲大众利益。这无疑是对传统政治理论的颠覆，在西方政治学界和经济学界都产生了重要影响。

经过十几年全面深化经济体制改革，我国现在的经济体制是一种商品经济和计划经济的混合体。一方面是经济的商品化、市场化程度大大提高，人们可以通过商品生产和交换获得合法收入；另一方面政府部门和官员手中仍然掌握着相当大的资源和权力，而这些权力和资源一旦和市场结合起来就可以带来巨大的经济利益。一些生产经营单位或个人为了获得更大个人利益，最有效的办法是从政府获得资源和特殊权力，他们会千方百计通过利益交换得到政府的特殊照顾。共产党刚进城时，毛泽东说我们的干部进城后，要警惕“糖衣炮弹”的袭击。现在的商人各种手段无所不用其极，贪财的他给送钱，好色的他送美女，附庸风雅的他送名人字画，是糖弹、金弹、肉弹一起轰击。政府公职人员手中掌握着财政、土地、矿产等各种资源，以及各种特许经营权、审批权和准入事项，并对这些权力的运用拥有很大的裁量空间。总之，在现行体制下，政府公职人员利用手中的权力谋取个人利益，轻而易举，机会太多。正如公共选择理论所揭示的，政府公职人员也有经济利益，面对巨大的利益诱惑，一些政府官员失去了定力，难以抵挡，就做了金钱、美女的俘虏，走上了腐败的道路。

腐败的低成本与反腐的高成本

仅仅说明在现行体制下，政府公职人员有更多腐败的机会，还不能说明为什么腐败现象“野火烧不尽，春风吹又生”，并且这把野火越烧越旺。我认为腐败问题难以根除，重要的原因是我国目前腐败成本太低而收益太高。一是这些年对腐败行为和当事人的处罚不够严厉，鞭子高高举起，轻轻落下，没有起到杀一儆百的作用，使得腐败成本很低，收益很高，造成腐败合算，不腐败吃亏，助长了腐败行为的蔓延和猖獗。二是在经济领域，腐败行为本来就有很大的隐蔽性，可以通过巧妙的操作掩盖腐败行为，再加上现在存在许多似是而非、边界模糊的政策规定，很难判定政府公职人员的行为背后是否存在腐败行为。三是通过贿赂政府官员，企业或个人得到了巨大的经济利益，维护与政府官员的亲密合作关系，可以带来源源不断的经济利益，他们很愿意与政府公职人员实行利益分享，从而形成了一种利益共同体，不像西方国家那样，政府公职人员的贪腐行为经常受到企业和公民举报。

当年香港公务员腐败问题一度特别严重，港府成立了廉政公署，掀起了反腐风暴，很快改变了腐败蔓延、贿赂公行的状况。我们可不可以仿效香港做法，组织一次大规模反腐风暴，彻底解决腐败问题？我看不是那么简单。因为我们目前的腐败问题主要是由于体制机制方面存在问题，因而更普遍，而香港当年的腐败主要是社会风气问题；现在我们的腐败多在经济领域，具有很大的隐蔽性，查处需要花费很大的人力、物力、财力，不像香港当时的腐败行为都是明显的违法违纪，一目了然。

因此，在不改变当前体制机制的前提下，单纯地进行反腐败，由于腐败行为的普遍存在，反腐败成本会很高，难以使腐败行为都受到惩处，反腐败斗争很难取得明显成果。现阶段，这就出现了一种鬼打墙的局面：腐败问题越严重，反腐成本就越高，由于法不治众，事实上贪腐行为受处罚的概率很小，也使得在现阶段中国腐败成本事实上很低。所以，腐败越反越严重。

关键是铲除腐败的体制机制基础

如何才能解决腐败问题？有人提出关键措施是要实行高薪养廉。依我看，这可以缓解腐败现象，但不能从根本上解决问题。因为人的欲望是无止境的。即使官员工资水平比现在提高一些，他们仍然会与私营企业老板和国有企业经营管理人员的收入攀比，感到心理不平衡，仍然会利用手中掌握的配置资源、行政审批权力换取个人利益，权力寻租、权钱交易仍然难以禁止。

看起来，要从根本上解决腐败问题，必须深化政治体制改革和经济体制改革，从体制机制方面着手，实行釜底抽薪，铲除腐败产生的制度基础。

一是要推进政府职能转变，把权力关在笼子里，减少政府对经济活动的行政干预，最大限度减少公职人员利用权力寻租的机会和空间。在西方，投资主要来自于民间，上一个项目，搞一个工程，由投资者决定和承担投资后果，和政府官员没有多大关系。政府需要做的就是提供服务，维持好经济秩序，随时解决企业投资中出现的问题。这样，在经济生活领域，政府官员很难有腐败的机会。我国要解决腐败问题，就是要解决官员权力过大、寻租机会过多、过于容易的问题，让市场决定资源配置，减少行政审批，就会大大减少腐败现象发生。二是破除官本位体制和文化，开辟实现人们自身价值的多元化途径，不必都走升官发财这条独木桥。有一本西方人写的书，对东西方文化进行了对比。作者说，在西方，金钱和权力斗争了几百年，结果是金钱战胜了权力，社会体制是为有钱人设计的，是“钱本位”。在东方一些国家，权力和金钱斗争了几千年，结果是权力战胜了金钱，社会制度是为权力设计的，有权力的人占主体地位，是“官本位”。因此，近代以来，西方把企业做得越来越大，经济文化迅速发展，率先实现了现代化；而在东方国家是把政府做得越来越大，经济文化发展长期停滞，与西方国家的差距拉得越来越大。因此，要在现有基础上促进我国经济文化发展，当务之急是必须创造体制机制条件，加快破除官本位，为人们开辟实现自身价值和获得成功的多种途径。如果人们有专业和专长，如有科研和企业经营、创业等才能，应该同样获得较高收入，有较高的社会政治地位。还必须指出，我们反对向钱看。但是如果法制健全，市场经济秩序规范，人们靠合法经营、诚实经营、正当竞争赚了钱，发了财，社会财富总量也必然随之增加，社会经济文化发展水平必然得到提高，这是好事。相反，社会精英都千方百计去当官，不会给社会增加一个铜板，这样的社会文化是病态的。三是加大惩治腐败的力度，使有贪腐行为的官员身败名裂，倾家荡产，付出沉重的代价，真正起到杀一儆百的作用，提高腐败成本，使国家公职人员不敢腐败。同时，要防患于未然，当出现腐败苗头时，就要坚决打击，坚决处罚，不要等到行贿受贿达到巨大数额时才处罚。

（本文部分内容见《党风月报》2001 年第 1 期接受采访时的谈话，收入本书时进行了改写、充实，加了标题）

第四辑　『海』边观察

去年朋友50岁生日，我写了一首五言诗送他：“五十知天命，人生入化境。富贵浮眼云，褒贬过耳风。双手挥五弦，二目送飞鸿。古来仁者寿，郁郁万年青。”转眼今年我也到了知天命之年，却不禁感叹流年似水，韶光易逝，没有了诗中的轻松与洒脱。

说老之将至吧，也还没到那个地步。耳不聋，眼不花，发不白，背不驼，心脏跳动还很有力，大脑反应依然敏捷，按照世界卫生组织的标准，50岁还是青年嘛！不过，“革命人永远是年轻”，那是歌里唱的。偶尔打一次球，上场10分钟已经大汗淋漓，上气不接下气；同事们对自己的称呼，早就由小马变成了老马；老乡或朋友聚会时，经常被一致推举坐在首席。这些都时刻在提醒着我们这些人，半百之人毕竟不再年轻了。如果说，青年人是早晨八九点钟的太阳，老年人是夕阳西下，人到50就是下午一两点钟的太阳，算是不老不少吧。

英国大哲学家罗素写过一篇题为 How to grow old（我译为“如何慢慢地变老”）的文章，有不少精辟见解，成了经典。那么，如何做一个不老不少的人？我也有几点感想，主要是写给自己和至爱亲朋看，所以没有豪言壮语，只有一些大实话。

一曰保持心理年轻。古人云：“医者，意也。”就是说，岐黄之大道，要在治心病，使人建立起战胜病患的信心与决心。这启发我们，病由心生，体因志衰，天下本无事，庸人自扰之，许多病都是自己招来的。只要吃得香，睡得甜，身上不痛不痒，就不要老想着自己已经老了，有事没事跑到医院去检查。据国外医学杂志报道，现在国际上肿瘤误诊率高达 20% 多，国内误诊率就更高了。本来好好的一个人，被诊断出有这个瘤、那个癌以后，不久就去了，我敢断定不少人不是病死的，而是被吓死的。孔子早年痛心当时礼崩乐坏的局面，带领一帮弟子风尘仆仆，周游列国，却四处碰壁，惶惶然如丧家之犬，很不得志。到了晚年专心办教育，却真正找到了感觉。今天和这个学生讨论文学，明天教那个学生周礼，后天又和其他学生研究外交问题。兴致高时，挑一个春和景明的好日子，“冠者三五人，童子六七人”，“浴乎沂，风乎雩，咏而归”，没大没小，疯玩一通。鲁人获麟，夫子仙逝，健康地活到70多岁，在那个年代也算是高寿了。孔子不仅道德文章堪为万世宗师，这种老小孩的活法，也值得吾辈效法。

二曰抓紧时间做事。人到50岁，事业到了巅峰。不能治国平天下，也有一技之长，足可独当一面。这点能耐可不是天上掉下来的。从儿童到学生时期，加起来二十几年，不稼不穑，是别人在为我们提供生活和学习的必需品。从小学、中学到大学，再到硕士、博士，多少老师为我们点灯熬油、呕心沥血、欢喜忧愁。参加工作后，同事和领导言传身教，悉心培养，使我们从门外汉成长为所谓业内人士，变成对社会还有一点用处的人。人应常怀感恩之心，趁着体力还好、精力还算充沛，抓紧不多的工作时间，多做事、做好事、把事做好。到了不能做事的时候，回首往事，对父母、师长和社会，都能做到问心无愧，就可以一身轻松地当一回江湖散人：治国平天下，那些事小儿辈去做；养鹤种梅花，这等福老夫们享了。

三曰懂得顺其自然。孔子说“五十知天命”，不是说人的命，天注定，奋斗努力都是徒劳。我以为夫子是想告诉人们，人活到50岁，“往者不可谏，来者尤可追”，应该悟出一些生活的道理了，应该更会生活。偶然必然，造化弄人，谋事在人，成事在天，人生如棋，努力与收获、天赋与成功，并不存在必然的因果关系。因此，正确的人生态度，应该是既积极又豁达，尽人事而听天命，成固可喜，败亦欣然。做官多大才算大？大臣上面有宰相，宰相上面有皇帝，皇帝是“天子”，“官”最大，上面还有天这个“爹”管着。财富多少才算多？弱水三千，不过取一瓢饮；广厦万间，只能睡一张床。人不可不自信，也不可太自负。后生小子，应该心雄万夫，睥睨古今，有点狂傲之气和远大抱负。所谓取法乎上，仅得其中，取法乎中，仅得其下，取法乎下，不知其可，教育孩子就得讲这样的道理。但人到50，头脑应该清醒起来，对自己有个客观的评价。吾国人民13亿，十步之内有芳草，十室之邑有忠信。庙堂之上，虎跃龙骧；乡村闾巷，英雄埋名，中国是不缺少人才的。如果到50岁还没有显示出突出才能，那也就是中平之人，再存有非分之想，纯粹是自寻烦恼，跟自家过不去。既然如此，就应该兢兢业业做好分内事，少一些患得患失，始终保持内心松弛，尽情享受普通人那份工作与生活的快乐。

四曰力戒固执僵化。邓小平曾说过，老年人的优点是经验丰富，但容易固执己见。七八十岁的老人，还能保持如此清醒的头脑，难能可贵。50岁的人还没到糊涂的时候，但也应该经常给自己提个醒，凡事虚心一点，不要以为自己吃的盐多，过的桥多，就永远正确。如果手里再有点权力，就更不能一根筋，不然既误己，也误人误事。人活了半辈子，是有了一些知识和经验，但今世何世？经济全球化，世界多极化，通信网络化，信息大爆炸，1天等于20年，简直是五色绚烂，目不暇接。易云："苟日新，日日新，又日新。"在这个日新月异的时代，要想不落伍，就要对新事物保持浓厚的兴趣，不断学习新知识。不然就会变得面目可憎，了无情趣，人见人躲。王蒙先生是大作家，在20世纪80年代初就学会上网和用电脑写作，比许多人提前进入了信息社会。就是因为喜欢赶"时髦"，王蒙60岁以后依然思想活跃，文思泉涌，进入了文学创造的又一个高峰，新作品不断在坊间流传。这样的老人真让人钦佩，值得好好学习。

五曰始终慎独自重。我辈农家之子，能从穷乡僻壤走出来，不知要比城里人多付出多少心血和汗水。夏天万蚊成阵，汗湿衣衫；冬天朔风如刀，寒透肌骨。褐衣穿结，箪瓢屡空，孤灯一盏，夜读《春秋》，其中苦涩辛酸，难与他人言说。对于今天拥有的这份生活和尊严，我们应该加倍珍惜才是。劳动所得，享用甘之如饴；不义之财，取之蝮蛇在手，藏之迟早肇祸。古今中外，屡试不爽。那些落马的高官，昨天还在九天之上，颐气指使，耀武扬威，今天就沦为阶下之囚，堕入阿鼻地狱，一世英名付诸东流，半生事业化为泡影，上使白发老母蒙羞，下使妻子儿女受累。殷鉴不远，当在夏世之后，吾辈当引以为戒。君子慎独，不欺于暗室。什么天知地知你知我知？若要人不知，除非己莫为。人做了坏事，不是不报，时候未到而已。王谢后人，有父兄庇护，大事可化小，小事可化了；蓬门子弟，如伸手被捉，正好拿来祭旗试刀。不讲国家社会的大道理，为父母妻儿计，为自己后半生计，在这个目迷五色、充满诱惑的时代，我们也必须把持好自己，坚守住道德底线。

六曰以青年为师友。青年人活力四射，无忧无虑，就算有点烦恼，一觉睡醒，云开雾散。以年轻人为友，老人也会跟着年轻。青年人思想活跃，求知欲强，容易接受新事物。以青年为师，多读点青年正在读的书，多听听他们对新事物、新观点、新问题的看法，可以使自己始终站在时代潮流前头，不至于被社会边缘化。与青年人交往，切忌好为人师，沉溺于自己过去的辉煌，动辄就“兄弟在剑桥的时候……”。与青年人交往，要多点宽容。列宁说过，青年人犯错误，上帝都原谅。不要忘了自己也是从青年走过来的，年轻时也干过荒唐事，前辈师长是如何善待和帮助自己的。与青年人交往，要对他们给予充分的理解。一代人有一代人的生活，不要像“九斤老太”一样，对青年人什么都看不惯。现在年轻人对物质生活条件要求比较高，也很正常。不要拉着一张“苦瓜脸”，动不动就“忆苦思甜”，似乎一代比一代生活得更艰难心理才平衡，这岂止讨厌，简直是变态。要乐于帮助和培养青年，把自己的知识、经验和盘托出，毕竟未来属于青年。长江后浪推前浪，一代更比一代强。让世界变得更美好，让尘世的生活更幸福，我由衷地为青年人祝福。

（2007年5月）

名者公器不可贪

近读易中天先生的《品三国》，看到书中引用庄子的一句话，眼前豁然一亮：“名者公器也，不可以多取。”公器者，公共财富也。用名声是公共财富的观点看问题，原来一些比较朦胧的想法，突然变得清晰了。

自从调到政府部门工作，我就不再撰写和发表学术理论文章。一则工作任务重了，努力做好本职工作以外，实在没有余力再心有旁骛；二则工作性质变了，鱼肉与熊掌不可兼得，不能又吃国家俸禄，又想在学术界出名，当什么“两栖明星”；三则我深知，以中国当前的学术规范，在报刊上少发表或不发表文章，这个世界不会因此受到任何影响。现在看，这些想法和做法，是暗合天理人情的。当官就不能贪财，是中国千年古训。名声是公器，属于公共财富，求名也是贪财，必然招惹祸灾。搞企业经营管理的也一样。既然赚了大钱，或者拿着高薪，就不能得利复求名。否则，就是贪得无厌。这就可以解释，为什么提起所谓学者型官员或者学者型企业家，人们就会反感。因为两者都犯了贪、伤了廉。

这些年，为什么社会舆论对一些著名经济学家的讨伐声不绝于耳？用名声是公共财富的观点看，就很容易理解。著名学者拥有的名声是社会公共财富，必须服务于公共利益，而不能为个人谋私利。看看那些著名经济学家是怎样做的。他们身兼数家大公司的独立董事，直接参与公司上市，按月从大公司领取顾问费，靠购买原始股、内部消息、操纵股市，自己或子女都发了横财。吃人家的嘴软，拿人家的手短，他们就顾不上学者的良心，处处站在富人的立场上说话，用所谓经济学理论为富人的种种巧取豪夺，为富不仁辩护，公然为富欺贫、强凌弱张目。有的报刊发表文章愤怒地斥责，现在经济学家的良心都让狗吃了。我看该骂。不仅如此，还应该把那些没有社会良心的所谓著名学者，从学术界赶出去，不能让他们长期霸占公共财富而自肥。

（2007 年 6 月）

据我观察，人分三类：没本事也没脾气，本事大脾气也大，本事不大脾气不小。

没本事也没脾气，好好做事，恪守本分，这是好人。好人受人尊重，好人一生平安。

本事小，脾气大，这种人三天不打，上房揭瓦，只会坏事，最讨人嫌。要么不理他，要么就把事做绝——彻底灭掉他的气焰。本事小，脾气大，往往自取其辱。有道是，恶人自有恶人磨。就算是连筋带皮滚刀肉，也有利刃修理他。三国时的祢衡，虽然号称海内名士，实际上不过死读了几本书，并没有治国理民的真才实学，却狂妄得没有边。普天之下他瞧得起的人没有几个，只有“大儿孔文举(孔融)，小儿杨德祖(杨修)尚可”。到曹操的丞相府他演一出击鼓骂曹，到了荆州他骂刘表。曹、刘二人城府深，不愿意担杀名士的恶名，用了一条借刀杀人计，把祢衡推荐给黄祖。谁知祢衡不识相，到黄祖营中照样撒泼。黄祖是个粗人，平生杀人如麻，再宰一个也不多，咔嚓一刀，从此耳根清净。

古往今来，人本事大往往脾气也大，他们是能人和怪人的混合物。虽然令人不快，但关键时刻还得靠他解决问题，只要不过分，只能让他三分，忍他五分。西汉名臣汲黯，汉武帝评价他近乎古代的“社稷之臣”，是个本事大、脾气也大的人。凡是他瞧不起的人，与他说话时就假装耳背。三公九卿有过错，他当面指斥人家是小人。甚至皇帝也敢顶撞，一点不留面子。汉武帝召见文学儒者，“我欲云云”，口沫翻飞，正讲到兴头上，汲黯冷不丁插了一句，“陛下内多欲而外施仁义，奈何欲效唐虞之治乎！”差点没把刘彻气晕过去。但是他好学、任侠、有气节、有操守，大家虽然不喜欢他的傲慢和狂放，却十分敬重他。汉武帝对臣下很倨傲，功勋卓著的大将军卫青来见，他居然一边蹲厕所一边向卫青发布指示。但要是听说汲黯来见他，必然端整衣冠，一脸肃然。淮阳这个地方当时很乱，汉武帝准备派他去那里做地方官。他不愿去，就说我身体常年不好，不能坚持正常工作。皇帝就很温和地劝他，朝廷就是想借一下先生的威名卧而治之。可见，人自重然后人方重之。只要有大节，人就是猖狂一点，也不会坏大事。

不过，一个人纵然有天大本事，也不能包打天下，浑身是铁能捻几根钉？毕竟做事要靠团队力量。如果太盛气凌人，变成了孤家寡人，则将一事无成。再严重一点，不仅难以成事，还可能招来杀身之祸。刘备的两个搭档关羽、张飞，都是本事大脾气更大的人，结果都没有好的下场。关羽爱士卒而轻慢士大夫，手下的将领对他是既恨又惧。这边关羽正在攻打襄阳、樊城，那边坐镇老营的糜芳、士仁怕关羽回来寻个罪名收拾自己，干脆向吕蒙投降，搞得关羽如丧家之犬，被潘璋、马忠一路追杀，最后败走麦城，盖世英雄变成刀下之鬼。张飞善待士大夫而粗暴对待士卒，灌了几两黄汤就无端鞭笞士兵和下级军官。关羽失了荆州也掉了脑袋，刘备命令张飞出兵报复。大军未动，先被两个刚挨过毒打的手下军官割下头颅，献给曹操。据说张飞是睁着眼睛睡觉的，换了不知情的，慑于张飞的虎威，睡着了也不敢近他的身。但是，张飞的下级太了解他了，趁他酒后睁着眼睛酣睡，一刀取了首级。

观察当今社会，我倒是感慨有本事的人也没有了脾气，渐渐地有本事的人越来越少了。这实在是悲哀。天才与疯子往往只有一步之遥，要允许有本事的人有点脾气。譬如，老虎占山为王，冲天一吼，山林回荡，百兽觳觫，野性十足。什么时候把老虎修理得没有了脾气，老虎就变身成了猫咪。现在的一些领导，一旦权在手，便把令来行，哪个敢不听招呼，玻璃小鞋伺候着。一来二去，劣币驱逐良币，受重用的大都是庸才。原来有点本事也有点血性的，慢慢地接受了教训，没有了棱角。诚然，此处不留爷，自有留爷处，处处不留爷，爷就投八路。如果“八路”也不能容忍你有脾气呢？一言不合，拂袖而去，谈何容易！可惜的是，人没有点激情，没有点天马行空的狂妄，也不会有多少创造力。大家都没有了脾气，都走平庸的路数，社会也就没有多少活力了，就该来一场迅雷甚雨，彻底荡涤一下子了。

（2007 年 5 月）

在我们的社会，有些很吓人的大道理，其实似是而非，不是真理，而是歪理，就看你是否认真地去想一想。所谓忠孝不能两全，就是一例。

与今天一些人不同，在古人那里，忠孝不但不对立，而且是忠孝一体，水乳交融。百善孝为先，孝甚至比忠更重要。研读《论语》和《孟子》等经典，我们会发现，“原教旨主义”的儒家思想是很讲天理人情的。孔子讲，仁者爱人，要由近及远，首先是孝悌，爱自己的父母兄弟姐妹，其次是爱亲戚朋友，然后才是忠君爱国。孟子希望人们做到“老吾老以及人之老，幼吾幼以及人之幼”，也是要求君子要像对待自己亲人一样对待别人，并没有强求人们先去爱别人，再爱自家人。可以看出，中国古代思想家对人性的认识入木三分，深知事不合常理则为妖。齐桓公春秋称霸时期，竖刁、易牙、开方来投奔，很受桓公宠信。管仲提醒说，这几个家伙都是小人，不可接近。桓公说，可是这几个人都很爱我呀。管仲说，他们不是爱你，是爱他们自己，是有所企图。比如易牙，天下父母谁不爱自己的孩子，他却把儿子蒸了给你吃，这有悖人之常情。今后祸害齐国，并给你带来灾难的必然是他们几个。果不其然，在桓公晚年，儿子们为争夺国君的位置，互相攻打，临淄城里一片混乱。这几个小人一看时机到了，趁机把持了国家权柄，把齐桓公关在一座房子里，所有的门窗都封死，六合诸侯、权重天下的五霸之首，下场竟是被活活饿死。

在一个漫长的历史时期内，孝道曾是中国的立国基石，也是个人的立身根本。不少朝代都标榜，“伏惟圣朝以孝治天下”。两汉的皇帝除高祖外，孝惠、孝文、孝武、孝宣等，都是以孝字为号的。那时国家选士，秉持一个基本的信条，“忠臣必出于孝义之门”。道理很简单，一个人如果连自己的父母兄弟妻子儿女都不爱，你还能希望他爱自己的邻居，爱自己的同胞，进而忠于朝廷和国家吗？国家选拔干部实行察举制度，先由地方官员逐级推举称为孝廉的年轻人，再由中央考察录用。这些“孝廉”，首先是以孝道闻名乡里，然后才是学有专长。在科举取士制度确立之前，这套制度还是比较开明先进的。西汉很好地坚持了这个制度，干部品质没有大问题，成为中国历史上很有作为的一个朝代。东汉则因为外戚和宦官轮流专政，破坏了这套干部制度，用的多是不孝不忠之徒，政治黑暗，民不聊生，酿成了后来的三国之乱。以后西晋实行九品中正制，国家用人只看出身，遑论忠孝，此后二三百年兵连祸结，饥鸿遍野，神州陆沉，疮痍满目，可以说是中国历史上最不幸的时期。

斯人已逝，古代君子的风采今天已不可见。但通过阅读文献，毕竟还能窥其一斑。遥想当年，古人不论是居庙堂之高，还是处江湖之远，必然都通达明理、耿介宽厚。他们懂得，为国家尽忠、就不能为父母尽孝的非常时期并不多。因此，为人子者需要尽孝时，古人会选择挂印归家，甚至某些人把尽孝放在尽忠前面，社会也能给予充分的理解和宽容。管仲打仗时，三次当了逃兵，有人以为是道德污点。鲍叔牙却说，管夷吾临阵脱逃，不是怕死，而是因为他家有老母，如果战死谁来侍奉呢？管仲听到后感慨说，生我者父母，知我者鲍叔。故事到这里还没有结束。当齐桓公问管仲，仲父百年后鲍叔牙能不能代替您做宰相，管仲说不行。因为这个人是道德之士，崖岸高峻，眼里揉不下沙子，不能团结有缺点的人，居于机枢位置，会把国家搞得一团糟。古仁人君子就是这样，论私交可以割头换颈，涉及国家社稷大事，绝不以私害公。那些衮衮诸公，拿国家公器当作礼物授予私人，以培植亲信，树立死党，面对古人，应该无地自容。当然，如果他们还会羞惭，就不会这样做了。

东西两晋，司马家的皇帝，不是近乎弱智，就是类于禽兽，没几个好鸟。但晋武帝司马炎对一件事情的处理，却令人肃然起敬。有点中国古典文学知识的人，对李密的《陈情表》都应该耳熟能详。西晋灭蜀后，诏书累下，郡县逼迫，征犍为武阳人李密为太子洗马。放在今天，国家主席直接给一个小人物下聘书，要他到中央做官，还不得诚惶诚恐、彻夜失眠？但是，这个李密回复皇帝说，我要伺候重病的奶奶，不能去做这个官。李密抗旨不应征，本意是要侍奉祖母，还是看不惯司马氏的荒淫失道，不愿意为司马家族服务，我们今天已经不得而知了。但那篇不朽的文章确实言辞恳切，那片孝心石头人读了也会动容。他说，祖母刘已是“日薄西山，气息奄奄，人命危浅，朝不虑夕。臣无祖母，无以至今日，祖母无臣，无以终余年。母孙二人，更相为命，是以区区不能废远。臣密今年四十有四，祖母刘九十有六，是臣尽节于陛下之日长，报刘之日短也。乌乌私情，愿乞终养。”司马炎看了这篇文章，没有再逼迫李密，或许是被李密的孝心感动，或许是李密必须尽孝的理由，足以给皇帝一个台阶下。这说明那时的社会舆论氛围，即使是九五之尊的皇帝，也不能悍然剥夺人们尽孝的义务。这件事也透露了这样的信息，司马炎贵为皇帝，热乎乎的脸颊贴上去，碰上的却是小人物的凉屁股，居然没有恼羞成怒，起码还有点度量和人情味，有几分可爱。

宋代以来，理学大行其道，鼓吹存天理，灭人欲，儒家思想的整体面貌由孔子那里的通达明理变得不近人情，由宽厚温和变得冰冷僵硬，由表里如一变得冬烘伪善。《二十四孝图》里讲的那些故事，有的很残忍甚至带有浓烈的血腥味道，如郭巨埋儿、王祥卧冰等，至于老莱子彩衣娱亲，干脆就是闹剧。可怕的是，宋明理学作为正统意识形态统治了人们的思想一千多年，这种偏执和僵化愈演愈烈。现代以来，虽然经过了一场风雷激荡的革命，理学的毒素仍然在人们的血液中流淌，连马克思主义者也不能幸免。建国以后的一个长时期里，“左”的思潮甚嚣尘上，国家和集体利益淹没了个人和家庭利益，客里空的大道理取代了人情事理，忠孝不能两全似乎成了颠扑不破的真理，走上了可怕的极端。各类媒体极尽无中生有、夸大渲染之能事，记者笔下的英雄模范人物不是冰人、就是高烧。如某某先进人物为了工作多少年没有回过家乡看望父母，某某劳动模范父母病危仍然坚守工作岗位云云。主人公或慷慨激昂，拼命表白没国哪有家，要大家就得舍掉小家；或捶胸顿足、痛哭流涕，爹呀娘呀，为了国家和工作，实在对不起你们了。每每看到这样的文字，我就像吃了苍蝇一样，并忍不住要发问：在和平建设的年代，有多少情况真正需要人们父母病危时，还必须坚持工作？人一生报效国家时间很长，真的就拿不出几天时间看看老父老母吗？有几个人的作用有那么重要，以至于离开几天就会影响国家的前途和命运？如果生活中真有这样的人物，我看也不值得尊重。就算是以小人之心度君子之腹吧，我敢断言，在大多数情况下，这些人不是有政治企图，就是骨子里冷血。

走上社会以来，我坚守着一个原则，绝不同不孝之人做朋友。因为我担心与这样的人交朋友随时可能遭到暗算，倒霉时被他们落井下石。假使要我为国家选拔人才，除了坚持“四化”标准，我绝不会任用不孝之人。我断定，这些只爱自己的人，平时不会为人民鞠躬尽瘁，在祖国危急存亡之际只会争着当汉奸。如果遇到《墙头记》里的老大、老二一类人物，在那里滔滔不绝地讲述为革命鞠躬尽瘁的英雄事迹，即便不当面啐他，我也会像阮籍那样，用白眼珠看他。

（2007 年 7 月）

精英意见和大众意见

这几年，我读了美国作家约翰·格里森姆多部司法小说，对英美国家的司法体制有了一定感性认识。其中英美国家陪审团的组成原则，给我留下了深刻印象，促使我对一些司空见惯的现象深入思考。

在英美法系国家，判定犯罪嫌疑人是有罪还是无罪，不是由法官说了算，也不是法典说了算，而是由陪审团说了算。但是，这些陪审员必须是没有受过太多教育的普通老百姓，比如说卡车司机、餐馆服务员、小学教师、建筑工人、管子工等，而不能是所谓社会精英。这一点未必大家都知道。维多利亚和华盛顿的子孙们坚决认为，现代社会赖以建立的民主、公平、正义的真谛，因为长期耳濡目染，沉淀于最普通大众的头脑中。是与非，善与恶，有罪和无罪，取决于普通民众作出的直观判断。相反，那些饱学之士和各种成功人士，则很容易形成偏见，失去公正判断能力。比如，在美国社会，有人认为博士就是通过长期学习和研究建立起偏见的人。因此，生死大事不能根据精英的意见做出定论，陪审员绝不能找博士、教授，也不能请大公司老板、政界要人、好莱坞明星。

这种做法很让我感动，也引起了我很多联想。从孔子开始，“唯上智与下愚不移”，“民可使由之，不可使知之”，精英阶层漠视下层民众意见的传统，可谓由来已久。其实，精英们不明白，真理永远是朴素而简单的，真理最终掌握在普通老百姓手中。物质生产活动是其他一切政治、文化活动的基础，这是历史唯物主义的大道理，是真理。用大白话说就是：肚皮瘪着，其他都是扯淡。这个道理精英懂，老百姓更懂。因为他们的肚皮也会饿，而且饿肚皮的机会更多。

在革命战争年代和社会主义建设初期，我们党头脑足够清醒。毛泽东曾指出：“群众是真正的英雄，而我们往往是幼稚可笑的。”共产党当年领导闹革命，振臂一呼，从者如云，星星之火最终成为燎原之势，就是因为农民明白，跟着共产党干，就能分到土地，不用再向地主交租子。我猜想，后来成为将军、元帅、高级领导人的许多老革命，当年并不一定懂得阶级斗争、共产主义的大道理，很可能是听懂了跟着共产党有饭吃的小道理，扔下锄头镰刀操起了大刀长矛。建国后一个时期，社会主义改造、人民公社化、大跃进、反右派、“文化大革命”，一个运动跟着一个运动，都是在伟大的理论指导下进行的。可惜这些都是根据个别人或精英的意见搞起来的，就是忘了问问老百姓同意不同意、赞成不赞成。尽管胳膊拧不过大腿，这些运动靠党的组织能力，凭借领袖的崇高威望，以排山倒海、雷霆万钧之势推进，表面上功德圆满，但是搞了几十年社会主义革命和建设，到了20世纪70年代，仍有不少老百姓饿肚皮。结果，人民公社搞了20多年就散伙了，而不是像歌曲《毛主席是咱社里人》唱的那样，“人民公社万年春”。对这段历史，我们至今还没有勇气作出实事求是的全面评价，但是老百姓早就作出了自己的评判。记得上小学时，村子里搞忆苦思甜，台上作报告的老人讲着讲着就忘了干部的嘱咐，控诉起新社会来：“58年、60年那时候啊……”

党的十一届三中全会以后，党中央和邓小平同志决定中国不能再折腾了，应该好好搞经济建设，发动和领导了一场波澜壮阔的改革开放。电光石火30年，沧海一朝变桑田。国家综合实力空前增强，人民生活得到显著改善。我以为邓小平作出这个改变中国命运的决策，和他在“文化大革命”中受到冲击，接近了下层群众，了解了群众的真实生活状况和要求有着密不可分的关系。认真学习一下《邓小平文选》，我们会发现，里面讲的都是大白话，小学以上文化程度完全能够理解。倒是那些研究邓小平理论的秀才们，把问题搞复杂了。一经他们上下其手，邓小平说的是什么反而搞不懂了。改革开放以来实行的大政策，指导思想很简单，就是让老百姓过上好日子，都反映了老百姓的基本愿望，都是老百姓高兴、老百姓愿意的事情。国家的政策和群众的愿望相吻合，事情就好办。20世纪70年代末80年代初，农村实行家庭联产承包责任制，几乎一夜之间就搞定。过去几十年中国的吃饭问题始终没有解决，联产承包责任制搞了没有几年，国家领导人一度听到粮食丰收的消息就犯愁。

现在一些地方和政府部门还是搞的精英政治那一套，几个有硕士、博士头衔的家伙，拍拍脑袋就制定出一套路线方针政策来。如果遭到抵触，他们就抱怨老百姓不明理、觉悟低，就一个接一个地开会，采取这措施那措施，强制贯彻执行。殊不知，你认为你英明，老百姓也认他的死理，虽然不敢硬抗，可以和你软磨。我奉劝身处高位、制定政策的人，不要总想把自己的意志强加给老百姓，不要以为自己永远正确，老百姓都是榆木脑袋不开窍。可以断言，上边制定的政策，要是只有极少数人反对，可能是政策好，顶着不办的人糊涂；要是有两成人不乐意，这政策可能就有点问题了；要是一半以上的人都反对，肯定是政策本身很有问题。各级领导应该多读读邓小平的书，制定政策时多问问老百姓是怎样想的。如果还是几个自以为是的精英坐在办公室，吸着烟，喝着茶，吹着空调，敲敲电脑，天大的事就这样敲定了，我敢说，十个主意有九个半必定臭气冲天。

再扯远一点，文学艺术领域的情况也大致如此。什么样的作品是上等货色，什么样的作品是垃圾，不是作家、艺术家说了算，而是取决于大众的判断，要看大众喜欢不喜欢。作家、艺术家永远不要低估圈外人士的文化水平、艺术品位和欣赏能力，自己的作品受到冷落，就拿阳春白雪、和者盖寡来掩饰自己的低能。不少作家、艺术家不过是碰巧干了现在的行当，或者是只能干这个行当。事实上，我们国家从事文学艺术工作的，不少文化水平不高，与科学家和其他专家无法相比。其他行当中不少人不是干不了文学艺术，而是有更重要的事情去干，比如从事了需要更高文化水平和更大创造力的科学事业和其他专业。外国的例子不说，苏步青的旧体诗当代中国几人能及？乔石书法的品位一般书法家岂能望其项背？都梁一个从商的人，这两年连续出版了《亮剑》、《血色浪漫》等小说，细节真实、故事好读、人物丰满，很受读者欢迎。这么多年，我们的职业作家写出了几本能让人记住、愿意重读的小说呢？作家、艺术家自视高明，低估大众的水平，鄙视大众的要求，文学艺术就只能在小圈子内循环，不但连累文学艺术走上穷途末路，自己的饭碗怕也会成为问题。

（2007 年 8 月）

有一个问题经常困惑着我：整体而言，西方人并不比我们中国人聪明。但是，为什么近代以来中国对人类思想宝库和科技进步的贡献远没有西方人大，几百年来经济社会发展水平一直远远落后于西方国家？

大道理别人已经讲得很多了。我以为，问题的症结在于文化差异导致的制度差别，使得西方人可以把心智都用在干事上，中国人则不得不把主要心思用在处理人际关系上；西方人把有限的智慧用来做大事，中国人把天赋的聪明用来占取小便宜。说到底，西方人有的是大智慧，中国人有的只是小聪明。

近代以来，西方政治思想和经济思想坦率承认自利是人的本性。这在西方有深远的文化传统渊源。基督教认为人生来有罪，自私的民众出卖了救世主耶稣，把他钉上了十字架，更是罪上加罪。英国伟大的古典经济学家亚当·斯密在《国富论》中提出了“经济人”的概念，指出人从事经济活动的最终目的是为了个人利益。因此，西方政治学说强调，为了使每个人的合法权利和正当利益得到保护，必须加强法制和制度建设，用制度和法律界定社会成员的经济利益和政治权利，规范人民的经济和社会行为。在这些法律和制度下，每个人的权利和利益都是既定的、清楚的，是我的跑不了，不是我的得不到，任何人不得侵犯别人的利益和权利，否则就要受到法律和制度的惩罚。这样，人们的行为和结果之间、努力和利益之间的关系是可预见的，要想得到更大的利益，只有努力学习增长才干，好好工作得到更多收入。如果能够进行创造性的劳动，则可以得到超过一般人的财富。所以，西方人欲求富贵，不是靠动坏心眼，要小聪明，而是靠奋斗、靠创造。愚者千虑，必有一得。西方人把全部智慧用在思想和创造上，必然是思想家群星灿烂，科技创新硕果累累，社会财富滚滚涌流。我以为，不把精力用在争权夺利，而用在干事上，这才是真聪明，大智慧。

围绕性善还是性恶，中国人打了几千年的糊涂仗。对于如何规范人们的行为，界定人们的利益，也就难有准章程。现实告诉人们，必须对社会成员的利益和行为予以界定与规范，不然就要天下大乱。如何界定和规范？虽然中国自古以来就有“王法”，但法律规定从来不具有严肃性。在古代思想家看来，靠法治来管理国家和人民，已经是等而下之了。中国政治的最高境界是以德服人，用圣人之道教化人民，靠人民的道德自律维护必要的社会秩序。然而，中国的圣人之道，“仰之弥高，钻之弥深，瞻之在前，忽焉在后”，“运用之妙，存乎一心”，连孔子的门生都承认难以窥其堂奥，也就很难做到。那么，贩夫走卒、引车卖浆之类的“小人”更搞不懂、也做不到了。儒家的道德要求极高而指向不确定，历代统治者又从来没有准备真心地把法律付诸实施，“刑不上大夫，礼不下庶人”，法律可以公然践踏，缺乏应有的约束力，这就是中国的制度特征。实际上，几千年来支配和调整人们行为的是潜规则，具有极大的灵活性和不确定性。

在这样一个靠人治而不是靠法治、利益边界十分模糊的社会，总有一部分社会“剩余收益”没有明确归属。于是，中国人就把主要心思用在争夺这部分社会剩余收益上。由于权和利相连，庙堂上、公府内，人们不是把聪明才智用在干事上，而是用在整人上，尔虞我诈，相互倾轧，种种黑幕，令人发指，官场就是一个角斗场。

同样由于利益边界不清楚，老百姓用很大一部分心思盯着别人的腰包，想方设法占别人的便宜，八仙过海，各显神通，各种手段，无所不用其极。古人慨叹，“常恨人心不如水，等闲平地起波澜”，“道是江头风波恶，不如人间行路难”。世道险恶，人心难测，在这样的社会环境里，人的聪明智慧大部分用在整人和提防被人整上，总想在社会现有财富中多分一杯羹，还能有多少智慧用在创造发明上？中国人尽管智商不低，也只能算是小聪明，不能算大智慧。中国思想、科技、经济不发达，不是天灾，是人祸。

改革开放 29 年，中国经济进入了响箭离弦、势如奔马的快速发展时期，取得了举世瞩目的成绩。今后 10 年 20 年，甚至更长时期内，这种发展势头能不能持续？官方和理论界一派乐观情绪。从制度改进的角度分析，我意不然。

概括地分析，中国过去 29 年经济持续高速发展，主要取决于两个因素：一是资源优势得到发挥，二是制度得到显著改进。中国原材料、土地、劳动力价格大大低于发达国家，使中国的产品在国际竞争中处于有利地位，市场不断扩大，发展空间日益拓展。传统计划经济体制逐步转变为市场经济体制，承认个人经济利益，极大地激发了人们创造社会财富的积极性，大大提高了经济效率。社会生产活动是人与物的结合。物是死的，人是活的，物的作用有限，人的智慧不可穷尽。实行改革开放政策，改变了过去只靠少数官员动脑筋推动经济发展的状况，把千千万万人的个人智慧注入社会财富的创造中，这是一笔巨大的宝贵资源，在过去二十几年的发展中发挥了不可估量的作用，至今人们对此认识还很不充分。

随着时间的推移，中国资源和制度两个方面的情况今后都未可乐观。从资源方面看，在经济发达地区，可用于工业等非农用途的土地已经所剩无几，土地价格已成倍上涨。随着国际市场原材料价格日益上涨，依靠大量进口原材料的加工制造业生产成本快速提高。人为压低工资、不给工人买保险、提供基本安全生产条件的时代已经结束，东部沿海地区已开始出现民工荒，今后劳动力价格将呈不断上涨趋势。可以说，中国资源价格低廉的优势正在快速丧失，今后的持续快速发展寄希望于劳动力素质提高和提供更加优越的制度。现在我们的高等教育、职业教育，结构、课程设置都不合理，大学生培养方向脱离社会需要，技能型人才严重缺乏，劳动者文化和技术素质普遍较低，有关方面对加强劳动技能培训还没有给予足够重视，不愿意在职工培训上花大钱。因此，中国劳动力素质明显提高，将是一个较长的过程。制度的改进就更艰难了。中国搞了二十几年改革，能改的差不多都改了，剩下的都是难啃的硬骨头。特别是今后改革的重点是政府管理体制改革，要政府官员自己革自己的命，无异于与虎谋皮，因为官员也是常人，不是圣贤。政治体制改革，不仅需要大智慧，更需要大关怀，大胆略，更是难乎其难。从根本制度的层面上说，要改变中国重人治而轻法治的制度偏好，真正建立起用法律划分利益边界、规范人们行为的根本制度，就要冲破传统文化的桎梏。文化传统是几千年的积淀，已经深入人民的血液和骨髓，要改变这种文化定式，必须经历一个刮骨疗毒的痛苦过程。

世界大势不可逆转，历史潮流滚滚向前。中国人民必须作出历史的重大选择，抛弃过去的包袱，重塑我们的文化和制度，使我们的民族去掉小聪明，具有大智慧，停止窝里争斗，全力投身创造。

（2007年8月）

恩格斯说过，一个健忘的民族是不值得尊重的。诚哉斯言！一个人摔个跟头并不可怕，但如果老在同一个地方摔跟头，这个人脑子就可能有问题。一个国家和民族犯错误也不可怕，但如果总是重复同样的错误，就难免让人怀疑这个民族的智力是否健全。

对我国和西方政治制度的变迁作一番历史的考察，我感到恩格斯说的就是我们中国人。

应该说，在一个漫长的历史时期中，除了古代雅典有过一个短暂的贵族民主时期，西方的社会制度一直比中国落后。在黑暗的中世纪，西方实行政教合一，教会不仅统治着人们的思想，而且统治着世俗社会。那时欧洲的经济文化发展处于停滞状态，社会政治氛围使人窒息。国王从教会手中夺回政治权力后直到爆发资产阶级革命，西方国家的君主和官吏事实上仍然是世袭的。而早在隋唐时代，中国就形成了科举取士的文官制度，“十年寒窗无人问，一朝成名天下知”，使得人们社会地位的纵向变化成为可能，社会结构具有一定弹性。政治制度的相对开明，使中国社会远比西方社会有活力，经济文化长期处于领先地位，出现过历史上的汉唐盛世。那时的长安城里，万国衣冠，车水马龙，中国在世界上的地位完全可以与今天的美国相比。法国大诗人保罗·瓦莱里曾经无比羡慕地说，在整个封建社会，世界上只有中国人敢于把权杖交给诗人和文学家，也只有中国人把诗人的桂冠看得比宰相的权杖更神圣。

说是资产阶级的经济和政治要求也好，说是西方人通过对历史的思考大彻大悟也好，总之，西方政治家和人民从历史中吸取了教训，近代以来彻底砸碎了旧制度，建立起一套全新的先进的政治制度。早在资产阶级革命之前，英国商人控制的国会，就对国王的权力实行了有效的限制，变“君权神授”为“君权民授”。国王的所作所为一旦超出边界，就会碰到市民社会组成的铜墙铁壁。18世纪以后，欧洲国家人民遵循伏尔泰、孟德斯鸠、卢梭等启蒙思想家的政治理念，普遍建立了以代议制为特征的民主制度，国家权力机构由选举产生，并实行立法权、行政权、司法权相互分立、相互制约。稍后实现独立的美国，也按照民主的法律和精神原则，建立了联邦制国家。

要而言之，民主制度的真谛有二：一曰国家权力核心按照严格的法定程序民主选举产生，政府的权力来自于人民，服务于人民，为人民所有，排除了一些人通过兵变、阴谋等手段走上权力巅峰的可能性，避免了政府产生的随意性和不确定性。国家权力首先受到广大民众的制约，权力不能变成谋求个人和小集团私利的手段。因为，既然权力来自人民，人民能够把一个人推向权力顶峰，也能把一个人从权力的顶峰拉下来。二曰任何一个人的权力都有明确边界，谁都不拥有无限权力，国家和人民的命运再也不系在一个人的裤腰带上，不会因为一个人的愚蠢和荒淫，使整个国家和人民堕入万劫不复的深渊。历史告诉人们，制度也是资源，而且是最重要的资源。民主制度并非尽善尽美，但可以说，迄今为止，民主制度是人类社会历史上最合理、最先进的制度。自从建立了民主制度，几百年来，西方各国内部没有发生大的动荡，经济、科技、文化迅速发展，转眼之间就实现了化蛹为蝶的根本变化，一个个蕞尔小国变成了雄视天下的列强。马克思、恩格斯在 1848 年的《共产党宣言》

中指出，资产阶级在一百年中创造的财富，比过去时代创造财富的总和还要多。所以，温斯顿·丘吉尔说："民主制度也许不是一个好的制度，但是在更好的制度产生以前，我要拿生命来捍卫她。"

与民主制度相比，封建专制制度绝对是一种糟糕的制度。这种制度坏就坏在：一、国家权力过于集中，朕即天下，皇帝的权力没有任何限制，可以为所欲为。二、皇帝可以世袭。在这样的制度下，天下的命运完全取决于是否碰上了一个好皇帝。如果碰巧皇帝英明，老百姓算是撞上了大运；如果皇帝是一个混蛋，那就活该老百姓倒霉。翻遍二十四史，也就是汉文、汉景、唐宗、宋祖等少数几个可以算是好皇帝，相反大多数皇帝不是痴儿，就是畜生。两晋南北朝时，朝代如走马灯一样变换，除了开国皇帝还马马虎虎，他们的后代们真是黄鼠狼生鼬子——一窝不如一窝。司马家的皇帝不少根本就是弱智，刘宋的皇帝除了武帝刘裕，一个比一个荒淫残暴。一个他爹的灵堂还没有撤掉，就找来乐队和先皇的妃子，昼夜狂欢宣淫；一个强迫所有的姑姑、嫂子、弟妹、姐妹陪自己睡觉；一个整天带领一帮太监侍卫挽弓挟弹出宫找乐，不仅见到猪狗牛羊全部射杀，甚至拿行人当靶子。

老百姓听说皇帝出来了，家家关门闭户，大街上一个人影也见不到。明朝的皇帝们更邪门，一个皇帝把全部狂热投入做木匠活，拥有全国工具最齐全的木艺工作室；一个热衷于在皇宫里开办集市，自己亲自拿起杆秤当小贩；一个长达20年不理朝政，谁提意见就打谁的屁股……在这样的皇帝领导下，一个王朝的统治时期，老百姓总共也没有几年好日子过。根本不适合做皇帝的人做皇帝，是皇帝本人的悲剧，更是国家和民族的不幸。

这样的制度还不应该彻底砸烂它！然而不，几千年来中国人想的不是改变这种制度，而是“彼可取而代之”，自己做皇帝。陈胜、吴广大泽乡起义时吼道：“王侯将相，宁有种乎？”其实还有潜台词，皇帝轮着做，明年到俺家。泥脚杆子都敢做皇帝梦，王子王孙、军阀大臣黄袍加身的愿望就更迫切了。同样是先皇血脉、凤子龙孙，为什么你高高在上端坐龙椅，我在下面撅着屁股磕头？将军宰相看多了皇帝的昏庸无能，看见早就变成了自己手中玩偶或者还在吃奶的皇帝心中就不平，老子就不能从导演变成演员，从后台走到前台？由于谁坐龙椅实际上取决于实力，而实力对比是在不断变化的，在中国封建社会，皇帝事实上是一个风险很高的职业。那些职业皇帝，花天酒地、斗鸡走狗内行，治国理民一窍不通，结果搞得民穷财尽，怨声载道，再赶上老天爷不帮忙，遇上蝗灾旱涝，颗粒无收，穷人活不下去了，一人振臂一呼，天下揭竿而起，转瞬间大厦倾倒，皇帝首先掉脑袋。对皇帝的更大威胁来自朝廷。一部中国历史，充满了宫廷阴谋和血腥绞杀，皇帝有好下场的不多。南朝齐高帝篡宋时，宋顺帝吓得躲在佛盖下不肯出来。箫道成的主要帮手王敬则毫不客气地把小皇帝拖出来。小皇帝可怜巴巴地问："欲见杀乎？"王敬则说："出居别宫耳，官先取司马家亦如此。"小皇帝明白，这就是要他脑袋搬家了，于是说出了那句中国历史上很有名的话："愿后身世世勿复生天王家！"农民起义也好，宫廷政变也好，中国几千年虽然付出了一次次赤地千里、流血漂橹的沉重代价，不过是朝代的更换，走了一个李皇帝、刘皇帝，来了一个朱皇帝、赵皇帝，并没有换来社会制度的进步，老百姓的血算是白流了。金观涛、刘青峰 20 世纪 80 年代初出版了《兴盛与危机——论中国社会超稳定结构》，本书的简写本《在历史的表象背后》，列入了畅销书《走向未来丛书》，在当时学术界以及青年中产生了很大影响。他们指出，中国封建社会是一个超稳定系统。经过一段看似翻天覆地的大动荡，一个强大的自组织系统会重新建立起被打乱的封建秩序。这说明，我们几千年只是重复历史，但并没有接受多少教训，变得更聪明一点。

也许你可以搬出历史唯物主义的基本原理来驳斥我：中国几千年封建制度没有得到根本改变，是因为新制度产生的经济政治条件还不具备。那么我也懂一点历史唯物主义：远在明朝中叶我国就出现了资本主义经济萌芽，为什么在中国没有成长起资本主义和民主制度？即便当时条件不具备，现在是什么时代条件？我们现在的制度中历史遗产还少吗？

我相信我们中国人与西方人一样认识到了专制制度对国家和民族的危害，但却不能抛弃专制制度而选择民主制度，绝对与彼此的文化和价值观有关。由于宗教原因，西方人有所畏惧，他们畏惧上帝的惩罚，畏惧最终的道德律令；他们有着形而上的追求，可以为上帝献身，也可以为他人献身，在关键时候可以作出超越功利的选择。而我们中国人畏惧什么呢？传统上，中国人“畏天命，畏大人，畏圣人之言”，这是远低于宗教的道德约束。中国哲学政治思想永远带有浓厚的实用色彩，国人很难作出超出功利的重大选择。

历史是英雄与群众共同创造的。一个国家杰出人物的选择很能代表一个民族的智慧和性格。独立战争结束后，美国实行独裁制度的可能不是没有。作为开国之父和美国英雄，华盛顿的威望和崇高地位无人可以企及。如果他愿意，完全可以把总统一直做下去，直到做不动，然后传给乔治家后人。但是，他没有这样做。当国家获得独立和平时，不待任期届满，华盛顿毫不犹豫地交出权杖，回到老家弗吉尼亚的弗农山庄，日出而作，日落而息，养马耕田，过一个普通农民的生活。就是因为这种真正的大智大勇，巩固了美国的民主制度传统，还给美国留下了总统任职时间不得超过两届的铁律。在历史的紧要关头，华盛顿等人能够作出这样的选择，不仅需要大智慧，还需要大关怀、大慈悲。对他们的这些举动，我推想到现在不少中国人仍不能理解，那不是人家的问题，而是我们的悲剧。

请不要相信国情一类的高论。如果人们不愿改变现状，昨天的基本国情就永远是今天和明天的基本国情。根本制度领域的变革，是智慧问题，也是胆略问题，更是政治品格问题，需要仁智勇兼备，而与国情云云无干。

（2007 年 8 月）

失落的品位

哲学家说，没有经过思考的人生是没有价值的。我说，没有品位的生活不叫生活，只能算是活着。精神品位的失落，就是一个人或一个时代的堕落。

20世纪80年代初刚到北京工作时，虽然是从一个大城市毕业来到另一个更大的城市，但还是感觉自己土。那时北京年轻人的时髦穿着也是一身军装，但人家举止从容，谈吐优雅，业余生活是听交响乐、看画展和话剧。提到北岛、舒婷、列宾、贝多芬，都能说出个子丑寅卯来。从鲁西南偏远的乡村走出来，连简谱都不识，一根抛物线都画不圆滑，别人高谈阔论时，我只能当听众。现在回想起来，当时北京一些年轻人对西方古典音乐和美术等艺术的了解，也许不过是皮毛而已，更多的是追求时髦，但表明那时的社会风尚是追求高雅的精神生活。我始终认为，一个国家，一个时代，即便是附庸风雅，也远比附庸下流值得尊敬和令人向往。

我们没有必要为出身农家而自卑，也大可不必为自己的无知而自豪，还是要见贤思齐，不懂就学。那几年，我买了不少音乐、美术书籍和交响乐磁带，空下来经常翻翻听听，周末则呼朋唤友去美术馆、音乐厅、剧场接受启蒙教育。那时我差不多一个月到红塔礼堂听一次交响音乐会，听说中国美术馆有重要的展览就赶去参观，北京人民艺术剧院的经典话剧几乎都看了。经过这样一通恶补，居然慢慢懂得了一些门道，培养起了一点对美术、音乐的兴趣。坐在音乐厅里，被雄浑辉煌或华丽轻柔的旋律紧紧包围，已经能够产生强烈的共鸣。全身心融入贝多芬命运交响曲，海雨天风激荡而来，深信人横竖不屈服，就能扼住命运的咽喉。听到贝多芬第九交响乐的大合唱部分，我这个无神论者，心头也会涌起宗教般的神圣情感。看完《茶馆》第一幕，于是之、郑榕、蓝天野、英若诚等大师的艺术阐释，使你斩钉截铁地相信，清王朝已经烂透了，它如果再不灭亡，天理都不容！人首先要谋生，工作不等于爱好。所幸我还有对文学和音乐、美术等艺术的喜爱，保留了一片自由的精神空间，使得生活不仅仅是劳作，还有愉悦和享受。现在收入高了，房子大了，但多了些忙乱，少了点情趣，精神生活反而比过去稀薄和苍白。回到过去的生活，我也不愿意。但那一个时期清贫而优雅的生活，有太多美好的记忆，仍然让我留恋。

近来于丹在电视上讲《论语》和《庄子》，盛况空前，收视率飙升，一夜之间成了明星。有人放言，这是传统道德精神复兴的征兆，真是傻子说疯话。往者已矣！中国人高贵的精神品质从春秋连绵无义战、诸侯弃王道而行霸道开始，就无可挽回地式微了，如今剩下的只有鲁迅先生揭示的国民性。奴性重，爱从众，就是种种积习之一端。《法门寺》里的贾桂，老爷请他坐，他说奴才站惯了。也有那不安分的梗着脖子吼道，凭什么他比老子富，抢他狗日的！大伙说，大哥挑头，咱就干他娘的！几千年的历史，有多少朝代，就有多少次财富大洗牌。这就有了今天的故事。邓小平一拍桌子，关起门来搞建设不行，中国要开放。自我感觉无比良好的中国人突然发现，原来世界上三分之二的人民，不仅用不着我们去解放，不少早就楼上楼下、电灯电话，进入我们过去描绘的“社会主义天堂”了。邻居是阔佬可以去偷去抢，可恨美国、日本路太远，咱们手太短，奴性就表现为盲目性——外国月亮比中国圆，人家流行的都是好东西。

充其量是好莱坞娱乐电影末流的香港电影充斥银幕和荧屏，少男少女得到刘德华等港台明星签名，比当年和毛主席握手还要受宠若惊。东边的日本卡通书流行，我们这边索性也不读中国古典名著和世界名著，都改读漫画了。卡拉 OK 歌厅、迪斯科舞厅如雨后春笋般长出来，男男女女，夜夜笙歌，如醉如狂，“舞低杨柳楼心月，歌尽桃花扇底风”。各种传媒打着贴近观众的幌子，其实自己品位就高不到哪里去，花样翻新，推波助澜，“超女”、“快男”大比拼，海选“红楼梦中人”，吸引了观众眼球，更聚敛了巨额钱财。国家电视台春节文艺晚会节目一年不如一年，早就没人陪着熬夜，变成电视台一伙自恋狂自己跟自己玩了。

不同的艺术各有特点，人们不应该要求紫罗兰和玫瑰花散发同样的芬芳。不同的人各有偏好，谁也没有权力居高临下，代替别人选择喜欢哪种艺术。但是，艺术的品位毕竟有高下之分。大众艺术只能给予人们感官刺激，是一种宣泄，而高雅艺术可以陶冶情操，帮助人们认识人生、认识世界。如果说大众艺术是白开水，只能解渴，那么高雅艺术就是醇酒清茶，余香满颊，回味绵长。流行音乐可以在街头、酒吧演出，绝对登不了维也纳金色大厅和林肯艺术中心这样的大雅之堂。我们的青年喜欢西方大众艺术没有什么错，但也不应该拒绝高雅艺术。西方不少年轻人迷恋摇滚、爵士、披头士、迪斯科，喜欢在地铁涂鸦，同时可能也是歌剧、交响乐和文艺复兴画派的爱好者。人穷，不能自甘堕落，也要不失优雅和高贵；富了，更要提升文化和精神品位，田舍翁和暴发户的嘴脸最可憎。看过电影《教父》已经十几年，其中的一个场景至今萦绕在我的脑海中，挥之不去。那是20世纪40年代意大利最贫瘠的西西里岛，年轻人多数到大洋彼岸追寻美国梦去了，再加上黑手党的压榨盘剥，西西里人生活极其贫寒。然而，在迈克尔和阿波洛尼亚举行婚礼时，那些平时衣衫褴褛的山民，都穿上整洁的西装和礼服，还居然组织起一支管弦乐队，吹吹打打把新郎新娘送到教堂。教堂前的小广场上，新郎新娘在小乐队的伴奏下翩翩起舞，观众和着节拍忘情于音乐和舞蹈中。那时西西里的老百姓也很穷，人家没有失去体面和品位，今天达·芬奇、威尔第、帕格尼尼、帕瓦罗蒂仍是意大利人的骄傲，没有被西方世界遗忘和抛弃。

子贡当了外交官后，驷马高车、仆从如云，去看居住在破屋陋巷的原宪。哎呀，你老兄怎么还这样穷呀！

原宪冷冷地说，在这个不义的世界上，我按照老师的教导做一个君子，不去帮那些诸侯杀人掠地，顶多算是贫，哪来的穷啊。时间之川，日夜奔流，泥沙俱下，淘汰的不尽是糟粕，留下的也不都是精华。哲人其萎，世风浮华，是时代的大悲哀，思之黯然神伤，也很无奈。我辈草木之人，议论世事尽可以言辞滔滔，终究不过如风吹浮云，了无痕迹。日月经天，江河行地，个人一己之力改变不了历史运行的轨迹。但有一点可以做到，就是好自为之，不被大众裹挟，不被潮流左右，看护好自己的精神家园，真正地生活，而不仅仅是活着。

（2007 年 9 月）

向往没有英雄的年代

男人都有英雄情结，但不是英雄越多越好，这要看是哪种场合、哪个时候的英雄。面对外敌入侵，国家民族处于生死存亡的危急关头，志士仁人，拔剑而起，以身许国，慷慨赴义，这样的英雄越多越好。一个国家和民族萁豆相煎，鱼龙混杂，泥沙俱下，猫变成虎，虫化为龙，这样的英雄越少越好。

乱世英雄起四方。英雄辈出的时代，必是天下大乱的年代。春秋无义战，列国多名将。在齐有穰苴、孙膑、田单，在赵有廉颇、赵奢、李牧，在秦有白起、王翦父子，在燕有乐毅，在楚有吴起，在吴有孙武。他们或勇冠三军，气势如虹；或决胜千里，庙算必中；或文武兼备，举重若轻；或临危不乱，绝地取胜。秦末天下逐鹿，英雄风云际会，既有西楚霸王“力拔山兮气盖世”，摧枯拉朽，所向披靡；也有淮阴侯韩信连百万之众，燕赵、三齐，唾手而定。“年少万兜鍪，坐断东南战未休。天下英雄谁敌手？曹刘。生子当如孙仲谋！”三国时代不仅有辛弃疾热烈歌颂的碧眼儿孙权，山东首义，官渡灭袁，东征乌桓，曹操堪称治世之能臣，乱世之奸雄。就连那个动不动就哭鼻子的刘备，屡败屡战、愈挫愈勇，最终三分天下有其一，也算是一条好汉。安史之乱，力挽狂澜，出了名将郭子仪、李光弼、哥舒翰等。不说郭、李，就说后来不得已向叛军投降的哥舒翰，当时也是名头响得如炸雷似的人物。且看杜甫如何描写他的神勇："北斗七星高，哥舒夜带刀。至今窥牧马，不敢过临洮。"但是不要忘了，英雄扬名立万的时代，也正是老百姓灾难最深重的年头。历史上关于战乱年代人民流离失所甚至易子而食、爨骨而炊的记载不绝于书。中国过去没有统计制度，每次战乱死了多少人，我们无法全面准确地了解。据史料记载，东汉鼎盛时期中国人口已经达到了近3000万，而到了三国末期中原人口只剩下800万！"国家不幸诗人幸，赋到沧桑辞便工。"毕竟文人没有大怀抱，这个见地还不够深刻。还要看到，沧海横流，天下大乱，是龙争虎斗、英雄纵横的舞台，更是国家和人民苦难的渊薮。

几千年来，人们醉心于令人血脉贲张的英雄史诗，忽视了战火硝烟中普通人民的水深火热。幸好由于诗人对人民生存状况的关怀，使我们能够看到一幅幅乱世图景。“饮马长城窟，水寒伤马骨”，《饮马长城窟行》、《战城南》等乐府诗，以苍凉的笔调写尽了人民因战争抛妻别子、有家难回的惨状。曹氏父子三人都是著名诗人，“白骨露于野，千里无鸡鸣”，是兵荒马乱年代社会的真实写照。与曹操同时代的蔡文姬被匈奴裹挟，在胡地生活了十几年，“马边悬男头，马后载妇女”，她的《悲愤诗》和《胡笳十八拍》，现在读来仍有巨大的悲剧力量。郭子仪等人因为平定安史之乱而建功立业，大诗人杜甫却因贫病交加、颠沛流离，写下了著名的现实主义诗歌《三吏》、《三别》；李白是一个典型的浪漫主义诗人，西上莲花山，高揖卫叔卿，游仙梦醒，也不得不面对严酷的现实世界：“俯视洛阳川，麻麻走胡兵。流血涂原野，豺狼尽冠缨。”

历史上的英雄，都说自己定天下、建功业是天命所归，是前生定数。这才真是鬼吹灯。杜甫在《过昭陵》中一针见血地指出：“草昧英雄起，讴歌历数归。乾坤三尺剑，社稷一戎衣。”什么风姿龙貌，天潢贵胄，大家原来都是趁着天下大乱，铤而走险的土匪。不过是这一帮草寇人多、兵多、胳膊粗，灭了另一帮草寇，然后沐猴而冠罢了。刘邦布衣得天下，算是英雄了得。阮籍凭吊广武古战场时却不以为然，冷冷甩下一句“时无英雄，遂使竖子成名”。人们对同一件事情可以采取完全不同的立场。有时强调皇家正统，有时强调英雄不问出身。在东方，窃国者王，窃钩者诛；在西方，杀一个人是杀人犯，杀100万人是征服者。总之是成者为王，败者为寇，“侯之门，仁义存”。但是，不管帮闲文人如何为统治者粉饰，即使在正史中，英雄业绩也散发着浓重的血腥气。那些赫赫有名的帝王、大将，个个都是杀人魔王。读历史，大战之前主将总要杀人祭旗。其实有没有人违犯军纪并不重要，关键是主帅需要借人头来立威，就看哪个倒霉蛋撞到枪口上了。读历史，我们也看多了屠城和杀俘的故事。马服君赵奢，据史书的描写，智勇兼备还在廉颇之上。然而他的儿子赵括，只会纸上谈兵，真应了海涅说的“播下的是龙种，收获的是跳蚤”。但是赵王当时脑子确实进了水，居然用他代替廉颇为将。秦国这边却暗中换了统帅，由武安君白起执掌兵符。白起是什么人？当时有个不知天高地厚的狂人说：“白起，小竖子耳！”那是夜入坟场吹口哨，给自己壮胆。真实情况是，掐着指头数，山东六国能和白起战个平手的将军不过寥寥三两人。孺子赵括听说对手是武安君，自己先就吓破了胆。结果长平一战，40 万赵军成了俘虏。白起这人真够心狠手辣，一夜之间把 40 万赵军全部坑杀。项羽不仅喜欢烧房子，阿房宫一把大火，三个月熊熊不熄，杀人效率也很高，一夜就干掉了几十万秦国战俘。杀人是张献忠这个人一生的最爱。他发过一封“诏书”：“天生万物以养人，人无一德可奉天，杀！杀！杀！”攻占蜀地后，他下命令所有秀才都来参加考试。结果几万人都考中了：一次一个拉到河边全部砍掉。他在四川可以说是杀人如麻，据说一次砍掉的人头堆成了好几座小山。经过老张屠蜀，当时的四川豺狼当道，安问狐狸，已经没有多少人烟了。清初朝廷不得不大规模移民，这就是历史上的湖广填四川。“一将功成万骨枯”。一边是大将军鞭敲金蹬响，人唱凯歌还，一边是“可怜无定河边骨，犹是春闺梦里人”。君不见，古战场，夜半磷火，闪烁明灭，河水呜咽，秋风歌哭，那是无名战士的冤魂在控诉、在诅咒。

千万不要以为天下安定了，英雄就会谢幕。事实上，剧情的发展远没有达到高潮。老子硬是挥舞刀枪打下了一片锦绣江山，那些和自己一起耍过刀子的老哥们最清楚不过了，他们会不会把这戏再演一遍？你可以搞一个“陈桥兵变”，他为何不可以也来一个“黄袍加身”？于是，功臣们以为该是论功行赏的时候，也就是他们的死期到了。东汉和宋朝的开国功臣们该庆幸遇到了汉光武帝和宋太祖。刘秀与功臣们联姻，利用裙带关系笼络自己的老弟兄，云台十八将基本得到了善终。赵匡胤杯酒释兵权，转眼之间，千军万马的统帅变成了光杆司令，但醇酒加妇人，快活后半生，毕竟没有白替赵官家卖命。刘秀、赵匡胤对待功臣旧将的做法，是中国封建社会闪烁过的微弱的人性之光，其他朝代的元勋就没有这样幸运了，“狡兔死，走狗烹；飞鸟尽，良弓藏；敌家破，谋臣亡”，身死、抄家、灭门，下场几乎是一个版本。开读明史我们看到，朱元璋替子孙们打算，把“枣树枝上的刺”都捋掉了。尽管徐达和他是儿女亲家，并再三表示没有任何野心，朱皇帝还是没有放过他。明知徐达背上生疮，却派人送去一只蒸鹅。当晚徐达就背疮发作，一代名将就这样呜呼哀哉了。但是，聪明绝顶的朱元璋什么都想到了，就是没有想到对王朝的威胁会是自己的儿子。到燕王朱棣起兵时，朝廷已经没有能够打仗的将军了，只能派绣花枕头李景隆去胡乱应付了。

如果以为革命胜利后，倒霉的只有开国元勋，那大家又错了。“兴，百姓苦；亡，百姓苦”，这是历史铁律。天下大乱，群雄并起，偏偏自己中了头彩，他们早就高烧46度，极度自恋和膨胀，老子永远正确，没有谁能挡得住他们胡闹。远的我们不了解，20世纪五六十年代发生的事情不就在昨天吗？农民刚分到手的土地还没捂热就硬被归了大堆，私营工商企业一夜之间都变成了国营，15年超英赶美，全民大炼钢铁，粮食亩产要超万斤、10万斤，几十万知识分子一句话就变成了敌人。可悲的是，尽管高产卫星不断上天，却不能当饭吃。

所以，向往和崇拜英雄，那是不懂历史，是无知，是糊涂。我宁愿生活在和平岁月，柴米油盐酱醋茶，平平凡凡过一生，也不愿生在一个遍地英雄的时代，为他人万世流芳做垫脚石，抑或成为站在死人堆上的鸟英雄。“宁为太平犬，不做离乱人”，我相信老百姓也渴望男耕女织、夕眠晨起，而不愿颠沛流离、朝不保夕，去成全英雄们的梦想。让大大小小的野心家都见鬼去吧，为个人计，为天下苍生计，我向往没有英雄的年代。

（2007年10月）

关于政治家的考证

听到有些大人物在台上动辄“作为政治家”云云，我在台下就忍不住要跳起来:“也不称一称自己几斤几两，你懂什么叫政治家？”

在英语中，有 stateman 与 politician 之分。前者译成中文是政治家，后者是政客。不要看一字之差，实则有天壤之别。说到政治家，在西方近乎中国的圣人，而政客则是人们茶余饭后嘲笑的对象。有一则西方笑话说：有一天，医生、律师、政客三人结伴同行。走到一家农舍时，天色已晚，他们请求农民借宿一晚。农民答应说没有问题，但是我家里只有两张空床，你们其中一位必须住在马厩里。医生说那我住马厩吧。不到半个小时，医生跑了出来，说那里面实在太臭了，我真的坚持不住了。律师说，医生讲究就是多，我住马厩吧。不到 20 分钟，律师也跑出来了，说我也受不了啦。政客说，没有办法，只好我住马厩了。不到 10 分钟，几匹马都挣断缰绳跑了出来，说这位先生太臭了，再过一会我们哥几个就要疯掉了。

不是阿猫阿狗都可以称为政治家。但是，到底什么是政治家，要说清楚并不容易。近读叶嘉莹教授“迦陵说诗”系列，书中关于孟子对圣人的诠释，对我们搞清楚什么是政治家很有启发。依照孟夫子的看法，圣人有三类：一种是圣之清者。他们为追求道德品格的完美，保持自己的清白，宁愿舍弃高官厚禄、锦衣玉食，坚决不与世俗同流合污，坚决不与坏的政府合作。耻食周粟、采薇而食、最终饿死在首阳山的伯夷、叔齐，以及不为五斗米折腰，归隐南山、躬耕而食的陶渊明，可以归入圣之清者。第二种是圣之任者。他们悲天悯人，“人溺己溺，人饥己饥”，有很强的责任感。对他们而言，能够实现我的理想，能够使我负起拯救天下苍生的责任最重要。即使政治很黑暗，最高执政是混蛋，我不入地狱谁入地狱，也可以与他们周旋，至于个人道德上的清白与声名可以不顾及。譬如，伊尹生在夏朝最后一个暴君夏桀的时代，那时商汤将要起来革命。据说伊尹曾“五就汤，五就桀”，要求得到任用，暴君明君都可以服务，目的都是拯救人民于水深火热之中。五代的冯道，曾在五个朝代任职，历史上著名的不倒翁，名声很不好。但也有人说，如果没有冯道在那里苦苦支撑，中原人民遭到的祸害更大。他们两位可以算是圣之任者。第三种是圣之时者。他们审于时势，明于进退，危邦不居，乱邦不入，条件允许就激流勇进，干一番事业；政治败坏，无可挽回，就急流勇退，退隐山林，不去蹚浑水。用这个标准衡量，孔子不懂得滔滔者天下大势，顺者昌、逆者亡，奴隶社会向封建社会转变已是不可逆转，还要“兴灭国，继绝世，举逸民”，知其不可而为之，是中国历史上伟大的思想家、教育家，却不能算是政治家。

如果一定要把以上三类圣者与政治家对号入座，第二类似乎与政治家比较接近，但还不是政治家。我以为兼具三类圣者的品格才算是政治家，他们既应该具有大道德，也应该具有大慈悲、大关怀，还应该具有大魄力、大智慧。用这个标准衡量，古今中外，堪称政治家的就寥寥无几了。在中国古代，说起圣人，公认的也只有尧舜禹汤、文武周公几位。所以，孟子说：“五百年必有王者兴，斯时当有名世者。”身居高位，权倾一时，要风有风，要雨有雨，就大言不惭地自封为政治家，这就像大庭广众之下露出了屁股而不自知，未免让人齿寒，成为笑柄。

上面为政治家做这一番正名文章，目的有两个。一是希望读了这篇文章的人，不要轻易再以政治家标榜，以免贻笑大方；二是想给从政者树立一个标杆，虽不能至，心向往之，做不成政治家，也要努力做一个好官，而不要做一个坏的政客。

中国人的思维传统，凡事马马虎虎，也就没有系统的国家理论。古代中国士人苦读经史子集、五坟八典，政治理想是致君尧舜，救民水火。西方人凡事较真，有一套系统的国家理论。这就是：随着社会分工的发展特别是进入商品社会，人们之间的经济社会联系越来越紧密，利益关系越来越复杂和多元化，矛盾冲突随之越来越尖锐。这时要规范人们的利益关系，一靠利益相关者之间签订契约，二靠一个超越各种利益集团的组织来调整、规范各种利益关系，维系社会的正常运行，这个超越各种利益集团的组织就是国家。西方现代国家政权的早期雏形，是由一个区域内的大众公推有恒产、有名望的人士负责社会事务的管理工作，社区给他们象征性的报酬。那些负责社会事务管理的人士则把大众的信任视为荣誉，甘心情愿地为大众尽义务。后来，西方国家政治理论和制度逐步发展和完善，但基本原则没有变。由此看来，从政第一不是一个发财的职业，第二主要体现为一种社会责任，第三道德要求很高。因此，从政必须遵守三个铁律。

一曰耐得住清贫，不能为发财而做官。古今中外，做官绝对不是一个可以发财的职业。要想发财，最好学温州人去经商。不要说在中国这样的发展中国家，民富国强如美利坚，总统年收入也不过20几万美元，顶不上公司大老板收入的零头。但是，官员手里有权力，社会地位高，没有失业风险，退休了还有养老、医疗保险，不能人心不足蛇吞象，吃着碗里，看着锅里，鱼肉熊掌都要得到。其实，钱只有花掉才有意义，否则就是一堆废纸或数字符号。前几年，有一个段子在手机上广为流传，说当官的烟酒基本靠送，吃饭基本靠供，老婆基本不用，工资基本不动，真不知道他们还要钱干什么。可是这些年来，贪官抓了一批又一批，仍然是前仆后继，“野火烧不尽，春风吹又生”，而且受贿数额越来越大，动辄几百万、上千万甚至以亿计。就是因为这些对于官员来说毫无用处的废纸和数字符号，一旦东窗事发，昨天座上客，今日阶下囚，断送了多少政治明星的一生。依我看，要使贪官少一点，加强思想政治教育需要，在官员中普及一点经济学常识也需要。经济学的重要内容是风险-收益分析。贪污受贿固然收益很大，但风险更大。一旦伸手被捉，财产没收，丧失自由，有的甚至家破人亡。进行收益风险分析，是不划算的。有些古人虽然没有读过经济学，这个道理比今人想得还清楚。东汉时一个做刺史的喜欢吃鱼，有人就拿了几条鱼给他送到家里。他坚决不接受，说国家按时给我俸禄，我每天都可以吃鱼。如果我接受了你送的鱼，有可能以后根本就吃不上鱼。为了每天能吃上鱼，请你把鱼拿回去。

二曰必须为事而官，不能为官而官。做官不能发财暴富，也不能风流自许，那图什么？无须讳言，当官就是图名。西方思想家从人性出发，一针见血地指出，人都是自私的，人们努力奋斗都是为了实现个人不同的欲望。公司越做越大，体现了企业家人力资本的价值；慈善家捐款帮助穷人和弱势群体，给予的喜悦大于索取；官员把国家治理得路不拾遗、夜不闭户，可以青史留名。太史公就说过：“君子疾没世而不闻。”官员要留下美名，就要为事而官，利用手中权力多做事，做好事。不能为官而官，钻营打探，不择手段，做了官或尸位素餐，或只做坏事，不做好事，留下骂名。读圣贤书，所为何事？我们先人的理想是致君尧舜，救民水火，“先天下之忧而忧，后天下之乐而乐。”众人睛，一杆秤。历史上为民众做了功德事的官员，现在人民也没有忘记。对国家民族犯下罪恶的，到现在人民也没有原谅他们。有一年我去杭州，在岳飞庙看到游人纷纷对秦桧和王氏的塑像吐唾沫，面对岳飞的铜像则肃立致敬和跪倒膜拜。清代有一则笔记记载：某仕宦人家来了几个客人，家里几个顽童在院子里戏耍打闹，搞得家里鸡飞狗跳。夫人没有办法，扔了几个铜钱，让他们到附近茶坊听说书。当听到秦桧的奸佞事，几个小家伙就咬牙跺脚；听到岳飞遇害一节，孩子们一齐唏嘘流涕。

三曰要严于律己，不能放纵自己的欲望。社会对官员和老百姓的道德要求就是不一样。在中国，有“春秋责备贤者”的传统。在国外，老板养情人，朋克吸白粉，演员同性恋，那是个人自由。州长、部长、国会议员干了这类龌龊事，立刻就是轩然大波，媒体会揪住不放，穷追猛打。换了别人和莱温斯基吊膀子，人们会说，哇！这样靓的妹妹都喜欢你，哥们好有魅力呀！克林顿就得三番五次作检查，美国人民才放他过关。共产党进城前，毛主席曾经警告党内同志，要经得起敌人糖衣炮弹的攻击。现在官员面对的是糖弹、金弹加肉弹的轮番攻击。中国发展商品经济以来，西风东渐，香花毒草一齐进来，社会变得五彩斑斓，充满了各种诱惑。社会上形形色色的人为了得到形形色色的利益，无不瞄准官员手中的权力，手段无所不用其极。贪财的，他给你送钱；贪色的，他给你美女；附庸风雅的，他给你送名人字画。面对种种诱惑，公职人员就必须心如止水，油盐不进，修炼成金刚不坏之身。这样说来，当官岂不是倒霉蛋吗！没有办法，公职人员是社会精英，代表着社会的良心。一般老百姓道德水平低还可以教育，社会精英集体堕落，国家和社会就等于患了恶性肿瘤，不可救药了。

（2007 年 11 月）

第五辑　云起堂诗抄

青岛纪行（三首）

一　上清宫

鸟鸣寿柏竹林喧
落叶不扫古殿前
崂山道士今何在
农家云中正耕田

崂山有下清宫、上清宫两座道观。下清宫已有道士和香火，上清宫仍为老百姓居住，院子里晾晒着粮食。

二　崂顶

手扯紫云小天下
披襟当风生狂气
沧海磨剑半勺水
崂山登天梯一级

三　八大关

云中楼台雾中仙
梦里蓬莱飞此间
碧海苍山无限恨
胡骑奔突话当年

八大关是青岛一大景观。殖民主义者占据青岛后，在八大关修建了一大批风格各异的西洋别墅。

（1981 年）

调查有感

搞了一个月的工业调查，始知所学书本知识多半无用。狂傲之气，为之一扫。

当年用兵纸上谈
断送赵卒四十万
劝君莫夸胸中墨
多向渔樵问湖山

（1981 年）

忆江南（三首）

一　故乡好

难忘三月天
杏花无骨做雪舞
夭桃红胜美人面
柳条摇金线

二　故乡美

醉人六月间
河水无波青罗带
平野甩手绿无边
众女捣衣衫

三　故乡恋

最恋故乡人
粪土千金一诺重
路见不平热血贲
俭朴古风存

（1982 年）

采桑子

咏柳　赠爱人（三首）

一

恨君不似窗前柳
日日相傍
时时相傍
绿影点点照宣窗

恨君恰似窗前柳
绿浓丝长
绿浓丝长
撩人情思睡不香

二

愿君永似窗前柳
岁岁相守
日日相守
不做桃花逐水走

愿君不似窗前柳
春来变绿
秋来变黄
山盟海誓不久长

三

去岁柳条摇金线
长叹孤凄
长叹孤凄
春风浑不解人意

今年又逢柳色新
人也逢春
人也逢春
满目春光多宜人

（1983 年）

山村夜宿

参加北京化工学院组织的义务植树活动，在燕山深处一个小山村住了一个星期。

枕着山泉声入睡
梦境是童年记忆的叠印
暮归的耕牛
懒懒地踢着夜的门槛
睡眼惺忪的花瓣
睫毛上满是黎明的泪痕
七夕晚上
看织女提着灯笼过河
阳春三月
手中的线越放越长
让风筝带着希冀
去问候高天流云

山村的夜
是梦的摇篮
夜里的山泉
是弹给孩子听的竖琴

（1983 年）

二十六岁生日咏怀（三首）

癸亥 8 月 18 日，是我 26 岁生日。家甫成，业未立，感慨良多。

一

三十屈指去无多
天时人事叹蹉跎
苏洵老来始立志
大器晚成未可说

二

不需唏嘘叹流光
血性男儿当自强
十年磨得越王剑
立马阊门唱大江

三

十米天地一架书
心远地偏意豁如
帝乡富贵非我愿
自古贫贱有傲骨

（1983 年）

菩萨蛮　童年回忆

丽日不照贫家屋
愁云惨雾挥不去
野菜和泪煮
衣单风透骨

一灯小如豆
寒夜读《春秋》
母亲忙纺棉
家中已无盐

（1984 年）

读范曾《鲁迅小说插图集》（二首）

《鲁迅小说插图集》，范曾画，刘炳森书写原文，康默如镌刻书名，周作人题签。全书之画凡 87 幅，皆范氏白发搔短、殚精竭虑所做，于先生原意外，依稀可见画家感时伤世、忧国忧民之块垒。丙寅夏某日，我在中国书店以半价购得。回家把玩良久，得诗一首。10 年后重读该书，又得一章。

一

寂寞半生勤为文
长恨阿 Q 不绝根
秋窗鸣蝉百图就
范子能解先生心
（1986 年）

二

金针度世南柯梦
天教为文唤苍生
句句和泪哀不幸
篇篇泣血怒无争
夏日流火千蚊阵
秋宵青灯万虫声

断筋折骨百图就

桑间濮上闻郑声

桑间濮上，郑卫之声，古人所谓靡靡之音也。

（1996年）

闽北行（五首）

一　建瓯建阳道中

山梳螺髻影娉婷
云行水中镜灭明
忽然温柔丝丝雨
画里江山色转浓

二　赴南平

罗带飘来万峰牵
江上鱼郎试钓竿
横跨牛背谁家崽
歌声隐入云里边

三　武夷山九曲溪

玉簪一挥咫尺间
不见鹊桥架天堑
可怜伤心千古泪
流作九曲恨无边

武夷山有大王峰、玉女峰隔九曲溪遥遥相对，“盈盈一水间，脉脉不得语”。游山至此，黯然神伤。

四　武夷山朱熹讲经处

朱子杏坛何处寻
崖高千仞雾霭深
子弟慕道鱼思水
天造云梯接入门

朱熹曾在武夷山千尺高崖上课徒授经，四方子弟辐辏于此，借天梯入白云生处聆听纶音。明清之间，理学遂在八闽发扬光大。

五　建瓯席间逢乡亲

万里南天闻乡音
珠泪跌碎青衫襟
金风三遍高粱熟
依旧红颜醉杀人？

本章用的是客居他乡者的口吻。

（1987 年）

西江月　三十述怀

生于“三年困难”
长在“十年动乱”
人过二十始读书
三十无足道处

休怨命运作弄
莫叹韶光虚度
亡羊补牢未为晚
自助必有天助

（1987年）

小重山　看京剧《徐九经升官记》

寒窗苦读几十年
胸中十万卷
欲补天
清白为官难上难
大梦觉
封印归田园

台上幕已卷
人间大舞台
戏未完
几多倩娘正蒙冤
谁试手
炼石补裂天？

（1989 年）

中秋感怀（二首）

一

忆昔少年游

明月登高楼

饮酒不能醉

移席泰山陬

大学时与同学共度中秋，饮酒不畅意，夜登千佛山。光华满天，好风如水，对月举觞，兴尽而归。快哉，快哉。

二

客舍中秋夜

凉风起天边

毕竟关山月

不及故乡圆

时客居北京，翘首南望，思念故旧，感慨系之。

（1992 年）

元曲一组 当代人物（六首）

改革开放以来，好事多，怪事有。余不擅丹青，用小令为当代人物画了几幅速写。文学手法，难免夸张，请勿对号入座，请勿恼羞成怒。这边厢俺有礼了，得罪得罪。

《月调》小桃红

作家

宁左勿右跟风上

大锅饭真香

不屑著书为稻粱

当头棒

斯文难当商品浪

以销定产

插草卖身

长揖祀“孔方”

《双调》折桂令

影视演员

问艺坛恁多明星？

有太上真言

说与君听：

美要出众

丑要出众

再有人捧

演爱情死去活来

该笑时双袖龙钟

着装要短

秋波要送

装傻充愣

岑参《送入京使》，有“故园东望路漫漫，双袖龙钟泪不干”句。

《中吕》红绣鞋

官人

玉盘珍馐宴请

美女如云歌厅

吃穿花用人孝敬

可笑老古董：

憨大彭泽令

呆子严子陵

晋人陶渊明不为五斗米折腰，辞去彭泽县令，结庐归隐；东汉高士严光，字子陵，与汉武帝布衣之交。及刘秀即位，召子陵与谈并授官。严光辞官不做，耕于富春山下。

《中吕》山坡羊

商人

豪杰也有

庸才也有

转眼家藏金万斗！

莫非有补天圣手？

附耳过来仔细听

勿与外人传此经：

“一，能坑则坑

二，肥私损公”

民谚云：四等公民搞个体，坑了老张坑老李。“公司，公司，化公为私。”

《正宫》叨叨令

画家

一头烂茅草散发着馊汗气

一嘴乱胡须沾着些米饭粒

要成名用不着再面壁

要轰动关键是比离奇

你省得也么哥

你省得也么哥

世上人都是矮子来看戏

清代诗人赵翼有论诗一组，其中一首曰："只眼须凭自主张，纷纷艺苑说雌黄。矮子看戏何曾见，都是随人论短长。"

《中吕》喜春来

记者

你要喜报我编排
你坐轿子我来抬
困觉我送枕头来
与人方便
与已可消灾
（1993 年）

甲戌杂诗（六首）

一

山间白云江上鸥
说到无价是自由
王侯将相何足道
无非名囚与利囚

二

红尘十丈上指天
圣人府第也铸钱
金光那堪佛光比
万古不朽是立言

三

一寸年华一寸愁
年来白了少年头
忧心关乎国家事
中宵徘徊月满楼

四

论起国事动真情
纷纷一片哂笑声
屈子投江因何故
众人皆醉尔独醒

五

百年忧患哀赤县
刀来剑往是恩仇
无须几番风和雨
泪眼婆娑看神州

六

心底无私天地宽
莫学前朝曹阿瞒
一生不为亏心事
耿耿长夜得安眠

（1994 年）

庐山杂咏（三首）

一　五老峰

阅尽沧桑亿万年
怀揣佛珠看云烟
勘破世间名利梦
欲开口时却忘言

二　仙人洞

羽衣吕祖跨鹤去
乱云飞渡有洞天
四海如蚁求仙客
能有几人了尘缘

三　庐山会议旧址

伤心旧事化烟尘
成败英雄谁人论
是非皆关国家事？
一吊遗踪一沉吟

（1994 年）

忆江南（五首）

一　江南好

风柔雨丝长
桃花流水鱼虾美
群莺鸣翠稻谷香
此处即帝乡

二　江南忆

最忆是九江
匡庐南望绿屏风
大江缠腰罗带长
浪里看鱼郎

梁山英雄“浪里白条”张顺是九江人。

三　贵州好

百里杜鹃红
银练倒挂九天雷
青山剑锷刺苍穹
缱绻踏歌声

黄果树大瀑布在贵州安顺市。水大时，匹练垂天，声如奔雷，方圆几十里内均可听到。

四　江南忆

最忆是苏州
残月晚钟霜满地
吴娃桥下系归舟
南风枇杷熟

五　长沙好

金秋最难忘
经霜层林红霞重
沙洲叶绿桔正黄
独立吊寒江

（1995 年）

参观万丰文展馆并登望海楼（三首）

10 月 1 日参观深圳沙井万丰村文展馆，村书记潘强恩亲自讲解。原以为村里的展览馆，参观半个小时足够了。不想到了现场，其规制和文物等级，都出乎意料。流连半日，兴尽而归。下午又乘兴登上凤凰山望海楼，山川形胜，连霄楼起，尽收眼底。感慨系之，得诗三首。

一

滴水可映七色光
一叶能知万里霜
断犁锈刀都无语
依稀百代见兴亡

二

沧海桑田十年间
新桃早将旧符换
前朝戈剑常磨洗
知古原为谏今天

三

送目登楼看神州

“五湖四海”一望收

岭南英雄云水意

大笔如椽写春秋

当地人说，登凤凰山望海楼，可见“五湖四海”。五湖四海者，江河加水库也。

（1996 年）

西湖组诗（五首）

一　初到西湖

西湖何处美
波平塔影长
十里莲叶碧
三秋桂子香
冠冕载酒过
彩袖结队往
即入天堂里
未老莫还乡

温庭筠《菩萨蛮》：“人人都说江南好，游人只合江南老。春水碧于天，画船听雨眠。炉边人似月，皓腕凝霜雪。未老莫还乡，还乡须断肠。”

二　茶楼夜话

西湖美名满天下
半由湖山半由茶
拍岸水声觉潮起
透帘芬芳知花发
围炉听雨说兴替
煮茶对座话桑麻
今宵无酒人亦醉
游踪千里不思家

三　断桥不断

西湖桥依旧

离人已断肠

泪水三千顷

滔滔入钱江

西湖有三怪：断桥不断，孤山不孤，长桥不长。今以诗戏解，穿凿附会而已。江山自在，只是各人别有怀抱。所谓对月伤心，闻铃断肠是也。

四　孤山不孤

熏风拂人面

翠袖望衣冠

奈何无情剑

咫尺不团圆

五　长桥不长

千古一浩叹

人间行路难

慈航频引渡

牵累是尘缘

（1999 年）

赠友人（四首）

我有友人，世代农民。改革开放，际会风云。领导有方，造福乡邻。刻苦读书，勤于为文。成事在天，谋事在人。吾心欣赏，吟成四韵。

一

不为大将即大儒
气吞三江与五湖
不是少小能立志
哪有岭南伟丈夫

友人说，少年时曾立志，不做大将，即做大儒。

二

风透单衣寒入髓
番薯野菜和泪水
当年闾巷轻刘季
谁料今日获鹿回

友人回忆说，少年时家贫，长年赤足，冬天常着单衣。

三

运筹商场合兵法

纵论古今透玄机

皆因往来多鸿儒

夜夜读书待更鸡

北宋大将狄青，行伍出身，只粗通文墨。然而治军严整，战胜攻守，屡建勋劳。时人曰：狄青用兵，暗合兵法。

四

合纵连横意阑珊

年来魂梦耽立言

一日笔下一千字

涓涓细流汇成川

友人曾经给自己规定，一天一千字，一年一本书，并持之以恒。现已出书几十卷，累计千万言。非常之人成就非常之事，此之谓也。

（2003 年）

读春秋体《建国五十一年史》

向者以为，网上为文者，闲人无聊人也。近读《建国五十一年史》，行文古奥，寓意深远，智珠断线，惊世骇俗，一时不胫而走，洛阳纸贵。江湖多奇人，贤者隐于市，古来如此。子曰："三人行，必有我师焉"，良有以也。君子立身，井蛙之见不可持。

先师作《春秋》
微言有大义
敦厚掩机锋
乱臣贼子惧
今有野史笔
白鹿继薪火
木讷梦里人
读时旦惊破！
呜呼
古来英雄多遗恨
立功立德又如何？
名利诱人复累人
冷眼红尘看过客
今人难解古人意
落日烟波起渔歌
（2003 年）

7月4日与黄丹鸿作长夜谈

甲申夏日，与深圳黄丹鸿大夫相识于北京国际饭店。一语投机，相见恨晚，抵掌而谈，夜深方散。黄医生乃湛江名医传人，悬壶济世有年。用大慈悲，施回春术，救人沉疴，名满南粤。观其为人也，广交游，重然诺，率性天真，直比顽童。于医道之外，喜古文，好谈兵，坐拥书城而宝剑在壁。夫避处庙堂之间，优游江湖之远，如江上鸥鹭凌万顷烟波，山间玄鹤吟九天风露，非世间智慧奇能之士而不能为也。

人生复何求
知己二三人
可作抵足谈
能为长夜饮

十步有芳草
江湖多异人
掀髯按宝剑
秉烛吟诗文
身负神仙术
胸怀菩萨心
千金一诺重
万死滴水恩

茫茫顾八荒
纷纷起红尘
难为处浊世
君子能立身
遂使槛里客
顿生世外心
（2004 年）

乙酉感怀（四首）

李白《春夜宴桃李园序》云："人生如白驹过隙，倏然而已"，诚哉斯言。蓦然回首，束发就学、负笈远游已二十又七年矣。

一

少年击水五千里
蓬门怀抱傲公卿
圯桥从容三置履
读书不灭破晓灯

汉张良少年时，遇黄石公。为长者拾履，三进三脱落，不以为忤。老人以为孺子可教，授太公兵法三卷。张子房得书后研读不倦，布衣而为帝王师，留下了一段千古佳话。

二

百年尘世万世功
一念浮生一动容
汲汲戚戚非吾意
名利留与他人争

子曰："不汲汲于富贵，不戚戚于贫贱。"

三

世事诡谲人难算
用勿骄矜舍亦安
但使俯仰无愧怍
云在青山水在天

四

尧舜文武谁能及
忠公名世愿竭力
不以私利害天下
敢用直道披荆棘

（2005年）

《豪放词》读后有感（四首）

6月18日周六，难得浮生有闲。披阅北京燕山出版社编辑出版《豪放词》，重读苏、辛部分作品，心潮激荡，感慨万端，草成四章。

一

大江东去苏学士
挑灯看剑辛稼轩
慷慨千古英雄气
登楼拍遍玉阑干

辛弃疾词中，有“落日楼头，断鸿声里，江南游子，把吴钩看了，栏杆拍遍，无人会，登临意”句。

二

黄金错刀等闲挂
兵策换作种树经
李广难封岳飞死
敲碎唾壶意不平

韩世忠《满江红》，有“把唾壶敲碎问蟾蜍，圆何缺”句。

三

宦海蹉跎江湖灯
人生失意且歌行
英雄自有结庐处
龙蛇影外雨声中

辛弃疾词中，有“吾庐小，在龙蛇影外，风雨声中”句。

四

三千里外觅功名
壮士一生重纵横
老去犹作玉关梦
白马金鞭渡辽东

李鸿章年轻时有大怀抱，诗中有“一万年内谁著史，三千里外觅功名”句，得到曾国藩欣赏，收为帐下弟子。

（2005年）

丙戌元夜赠琼坤（二首）

黄琼坤，朋友子。少小立志，倾心于学。去年秋天，束装北上，就学于通州潞河中学。丙戌上元之夜，偕家人与琼坤共度佳节，并赠诗两首，壮其志，嘉其行，慰其寂寥也。

一

男儿壮心在天山
莫叹月圆人不圆
请看汉家定远侯
金鞍万里凯歌还

二

草木何处不逢春
慷慨燕市有故人
玉碗琥珀将进酒
无须惜花叹月魂

（2006 年）

读李一诗有感

公以书名世
诗亦有古风
泱泱晋汉韵
堂堂齐鲁声
至诚故人意
纯孝游子情
中宵披衣起
窗外月胧明
收拾伯牙琴
弹与子期听

友人李一，美术理论家、书法家、《美术观察》杂志主编。

（2006 年）

读《史记·扁鹊、淳于意列传》

夜读医者传
思绪接无垠
王道早式微
霸道叹不仁
岐黄能万古
必有大道存
天有好生德
人有多病身
良医不世出
悬壶于国门
身负神仙术
胸有菩萨心
良相固难得
良医亦圣人
诗成寄幼弟
珍惜寸光阴
艺成济天下
可以耀家门
（2006 年）

二兄五十华诞为仁者寿

五十知天命

人生入化境

富贵浮眼云

褒贬过耳风

双手挥五弦

二目送飞鸿

古来仁者寿

郁郁万年松

（2006 年）

丙戌咏史诗（六首）

西哲培根说过，读史使人明智。近读中国历史，感慨系之，有咏史诗六首。

项羽与刘邦

项王不肯过乌江
刘季偏能分肉糜
两千年后日月换
君子仍非小人敌

项羽抓到刘太公，荥阳阵前威胁刘邦，如不投降，就要把太公做成肉酱。刘邦露出流氓本色：我们两个曾约为兄弟，我爹即你爹，“必欲烹乃翁，幸分一杯羹”。

韩信（一）

纵横天下谁争锋
扭转乾坤一念中
当年冲冠剑出鞘
不过淮上莽书生

秦末天下大势，楚汉相持不下。韩信助汉，汉王楚败；助楚，则楚兴汉亡。

史载韩信不得意时，甘受胯下之辱，不逞一时之勇。

韩信（二）

三分天下事非空
可叹仁义误英雄
一旦落入妇人手
悔不当初听蒯通

楚汉胜败未定之际，蒯通曾劝韩信："今足下戴震主之威，挟不赏之功，归楚，楚人不信；归汉，汉人震恐；足下欲持是安归乎？夫势在人臣之位而有震主之威，名高天下，窃为足下危之。"于是建议韩信"三分天下，鼎足而居。"韩信回答："汉王遇我甚厚，载我以其车，衣我以其衣，食我以其食。吾闻之，乘人之车者载人以患，衣人之衣者怀人之忧，食人之食者死人以事，吾岂可以乡利背义乎！"

曹操

孙刘曹氏伯仲间
何事千秋轻阿瞒
正赖天地生魏武
不教诸侯裂中原

曹操《让县明志令》："设使天下无孤，正不知几人称帝，几人称王。"

赵匡胤

杠棒横扫定乾坤

旧臣终老重斯文

若非斧声烛影摇

燕云恢复梦成真

宋朝开国以来，不迫害文人，原来的功臣也能得到善终。

宋太祖之死，是一大历史疑案。

自石敬瑭把燕云十六州割让给辽国，五代以后中原门户大开，直接面对北方铁骑。宋太祖即位后，一直为收复燕云十六州作着经济和军事上的准备。

朱元璋

祸起不测罗织深

“厂卫”四出夜破门

史家论起当年事

纷纷轻薄说出身

史学界有一种时髦议论：把朱元璋诛杀功臣，大肆株连，实行特务制度等，归结为他出身微贱，心理变态云云。

（2006 年）

自述五绝句

一

生于艰难世
长在动乱年
立身勤与直
求己不求天

1958~1960年，山东大饥饿，全国大饥饿。母亲说，饥荒年间，我险些饿死。

1965~1975年间，是我的小学和中学时代，也是“文化大革命”如火如荼的岁月。

二

人知楚接舆
谁识我狂癫！
古今堪为友
季札与鲁连

楚接舆，春秋时楚国狂人、隐士，曾做《凤兮》之歌，讽诫孔子。

吴季札、鲁仲连，春秋高士。

三

世人莫夸富

我为富中最!

座上多豪英

书中有三昧

四

天海广无垠

我心更宽阔

常思君子泽

不计小人过

五

身处尘网中

神游六合外

夜夜梦庄生

翩翩化蝶来

庄周化蝶，千古一梦。不知是庄生化为蝴蝶，抑或蝴蝶化为庄生。

（2006 年）

忆游三峡（五首）

1993 年夏天，我参加《求是》杂志社召开的联络员会议，有机会从重庆顺流而下，过三峡，至武汉。近读叶嘉莹教授咏三峡诗，远不能传达我当年过三峡时所见所感。因追记五章。

一　从成都赴重庆

杜甫草堂锦江头
松柏森森吊武侯
有约八十一滩水
热浪卷地下渝州

长江三峡，激流险滩九九八十一。

二　巫峡

人生难得此壮游
贪看惊涛伫船头
老杜枫林入眼底
楚王云雾袖里收

杜工部《秋兴八首》有“玉露凋伤枫树林”句。

巫山神女十二峰，常在云雾隐约中。楚王与巫山神女的传说，给巫峡风光平添浪漫神秘色彩。

三　瞿塘峡

一步一险十二滩
一滩过罢一滩拦
若论暗里藏杀机
还看人间行路难

刘禹锡《竹枝词》，有“瞿塘嘈嘈十二滩，人言道路自古难”句。

四　小三峡

通天桥外有洞天
此身已入桃花源
鱼游荇草宜结网
云湿衣裳好耕田

五　出三峡怀杜甫

猿啼三声泪沾襟
风烟隔代有知音
为忧黎元长太息
同怀“丛菊”“故园”心

杜甫《秋兴八首》第一首，有“丛菊两开他日泪，孤舟一系故园心”句。

（2008 年）

己丑杂诗（十首）

一

倏忽七百三十日
心绪又异五十时
兵书经济惹尘土
闲来喜读陶令诗

这一组组诗，是我50岁后又两年多写下的。

二

少壮常怀四海志
年来每生五湖心
可叹费尽移山力
能成功业有几人

马氏旧诗中，有“少年击水五千里，蓬门怀抱傲公卿”句。

三

待漏中书些小吏
风烟隔代意气投
看多人间荣辱事
求田问舍是良谋

读龚自珍《己亥杂诗》部分篇什，感同身受。

四

恨必有因爱有源

江山可移理难变

凭空抛下橄榄枝

一枝一叶藏机关

五

一户侯交万户侯

徒招白眼徒惹羞

污衣纸帽书万卷

不在朱漆门下走

侯宝林先生生前自制私章一枚，曰“一户侯”，强调自己的平民身份，尊严中保持着清醒。

六

名利从来是非源

能教平地起狂澜

我有无争二字诀

袖手事外冷眼看

老子曰：惟不争，天下莫能与其争。

七

齿落体衰不自哀
江山代有绝世才
行过八年驽马路
老夫要筑放鹤台

距离俺老马退休，屈指还有八年。

八

纸灰飘散人已歌
我心疼痛仍如割
忆中老娘萧萧发
夜半梦醒泪婆娑

九

露湿星斗倚栏杆
暮霭望断是乡关
慈母已逝家父老
晨昏是谁问温寒

十

东坡才调傲古今
独尊陶令贵其真
妻呼饥，儿号寒
十亩官田能饱暖
屈身下吏不避嫌
五斗米，宁折腰
挂印种豆南山下
归去来兮不自高
陶潜高标卧浔阳
虽不能至心向往
人生境界贵淳真
无端莫为狂与嗔
食人之禄忠人事
著书原本为稻粱
人赠桃李报琼琚
不屑杜陵诗吻狂
用舍固由时
我能定行藏
江海可结庐
谁见鼻穿缰?

龚自珍仰慕陶潜为人温厚，不屑杜甫口吻轻薄，食人酒饭，诗中说什么“时叩富儿门……”。

（2009年）

为兄嫂六十寿辰而作

我无司马叹
家有贤父兄
高树遮风雨
迷途挂明灯
齐鲁耸泰岱
四海系飘蓬
仁者得天佑
寿与松鹤同
（2014 年）

念母歌

——拟鲁西南儿歌

儿时看我娘
面如玉
青丝长

少年看我娘
发苍苍
脸黄黄

中年看我娘
齿已落
头飞霜
家计不复忧柴米
娘却常年卧病床

而今再看娘
遗像挂墙上
要相逢
在梦乡

娘活一辈子
不吃甜
不吃香
不穿新衣裳
一心都在儿身上
娘变老病儿远行
不能床前奉药汤
念此怎不痛断肠

娘去已六载
坟头秋草长
年年佳节人思归
我去哪里拜高堂!
(2014 年 12 月)

后记

我已经出版的著作不止一本。中国言实出版社同意出版我这本文集，我还是格外兴奋和激动。

人是一种永不满足的社会动物。一个愿望满足了，新的愿望又会产生，没有实现的愿望永远比已经实现的愿望更让人渴望。我也不能免俗。到目前为止，我自己独立研究撰写或与别人合作出版的经济学专著已经不少。对自己经济研究的能力，有一定的自信和把握。从小学到中学，我的作文在班里经常被老师当范文宣读，但我深知那与真正的文学创作不是一回事。三十几年中我写了不少文章，但只是零星发表，没有结集出版过，对自己文学创作的能力是心中无数的。这本《有心插柳》，是我出版的第一本散文、随笔和诗歌集，圆了我多年的一个梦，给了我继续进行文学创作的自信，因此我特别看重、特别高兴。

感谢责任编辑曹庆臻、张双武提出的修改意见和精心编辑，使各辑文章分类更加合理、文章变得更加好读，也避免了一些不该出现的错误。

感谢我的同事韩剑和夫人田静女士，帮助我整理、录入、校对多年的文稿。这些工作十分琐碎繁杂，多亏有他们代劳。

友人美术理论家、书法家李一先生为文集封面题签，使本书增色不少。

我女儿马诗音为本书设计了封面，效果我很满意。

书出版了，既高兴，也很忐忑，不知道读者是否喜欢。

2015 年 3 月　作者